CONTABILIDADE PÚBLICA

ESTRUTURA, ANÁLISE E INTERPRETAÇÃO

ZÉLIO CABRAL

1ª. EDIÇÃO – BRASIL - 2018

"Dentre as verdades, como afirmam Aristóteles e Averróis, as nossas matemáticas são as mais verdadeiras e estão no primeiro grau de certeza, e a estas seguem-se todas as demais ciências naturais."

(Luca Pacioli, considerado o pai da contabilidade moderna, que teve como aluno Leonardo da Vinci.)

"Na contabilidade da vida a bondade sempre dá lucro e a maldade prejuízo."

(Jovol)

"Instruir-te-ei e ensinar-te-ei o caminho que deves seguir; guiar-te-ei com os meus olhos."

(Salmos 32.8)

SUMÁRIO

INTRODUÇÃO

Este livro foi organizado de forma resumida, tratando os itens abordados nos editais de concursos públicos com uma linguagem clara e objetiva. Tem como enforque exclusivo a Contabilidade Pública, não tratando os itens da Contabilidade Básica.

Destina-se a Contadores, administradores de empresas, economistas, auditores internos e externos, gerentes de recursos humanos, consultores, advogados e demais interessados na Contabilidade Pública.

Este livro é direcionado para todos os candidatos formados na área contábil que desejam ingressar na carreira pública através do concurso público na área fiscal ou trabalhar na área privada. O objetivo é atingir o graduado na área contábil.

É um manual prático e fácil destinado a candidatos a concursos públicos da área fiscal, principalmente Bacen, Esaf (auditor fiscal e técnico do Tesouro Nacional), INSS, Tribunal de Contas, contador (Estados e Municípios) e outras carreiras públicas. Indicado também para a disciplina Introdução à Contabilidade dos cursos de graduação em Ciências Contábeis, Administração e Economia.

O autor espera que esta obra possa contribuir para que os condidatos alcacem seu tão almejado objetivo.

Que esta obra venha a atender aos anseios de todos àqueles que almejam ingressar na carreira pública.

Zélio Cabral

Autor do livro

Capítulo 1. Orçamento Público: Lei do Plano Plurianual, Lei das Diretrizes orçamentárias e Lei do Orçamento anual

O Orçamento Público, em sentido amplo, é um documento legal (aprovado por lei) contendo a previsão de receitas e a estimativa de despesas a serem realizadas por um Governo em um determinado exercício, geralmente compreendido por um ano. No entanto, para que o orçamento seja elaborado corretamente, ele precisa se basear em estudos e documentos cuidadosamente tratados que irão compor todo o processo de elaboração orçamentária do governo.

"O Orçamento Nacional deve ser equilibrado. As Dívidas Públicas devem ser reduzidas, a arrogância das autoridades deve ser moderada e controlada. Os pagamentos a governos estrangeiros devem ser reduzidos, se a Nação não quiser ir à falência. As pessoas devem novamente aprender a trabalhar, em vez de viver por conta pública." Marcus Tullius Cícero - Roma, 55 A.C.

O Orçamento Público no Brasil (Orçamento Geral da União) inicia-se com um texto elaborado pelo Poder Executivo e entregue ao Poder Legislativo para discussão, aprovação e conversão em lei. O documento contém a estimativa de arrecadação das receitas federais para o ano seguinte e a autorização para a realização de despesas do Governo. Porém, está atrelado a um forte sistema de planejamento público das ações a realizar no exercício.

O OGU é constituído de três peças em sua composição: o Orçamento Fiscal, o Orçamento da Seguridade Social e o Orçamento de Investimento das Empresas Estatais Federais.

Existem princípios básicos que devem ser seguidos para elaboração e controle dos Orçamentos Públicos, que estão definidos no caso brasileiro na Constituição, na Lei 4.320/64, no Plano Plurianual, na Lei de Diretrizes Orçamentárias e na recente Lei de Responsabilidade Fiscal.

É no Orçamento que o cidadão identifica a destinação dos recursos que o governo recolhe sob a forma de impostos. Nenhuma despesa pública pode ser realizada sem estar fixada no Orçamento. O Orçamento Geral da União (OGU) é o coração da administração pública federal.

Passo a passo do ciclo orçamentário

Cada poder exerce um papel específico no processo orçamentário. Ao Executivo cabe **elaborar os projetos de lei e executá-los**. Ao Legislativo compete **discutir, propor emendas, aprovar as propostas orçamentárias e depois julgar as contas** apresentadas pelos/as chefes do Executivo – prefeitos/as, governadores/as e presidente da República. Um poder não pode se intrometer na tarefa do outro.

Há órgãos encarregados da fiscalização e do julgamento das contas, como os Legislativos e os Tribunais de Contas. Como veremos, os cidadãos e as cidadãs também podem e devem participar do processo orçamentário e se preparar para expor suas propostas e reivindicações.

O ciclo orçamentário é composto de diversas etapas que se relacionam, se completam e se repetem continuamente. Esses passos são semelhantes na União, nos estados e nos municípios.

As diferenças podem estar nas datas-limite de cada um deles. No passo a passo orçamentário, apresentamos os prazos da União. Os prazos dos estados são definidos na Constituição Estadual e no Regimento Interno da Assembléia Legislativa. Já os prazos dos municípios são estabelecidos na Lei Orgânica do Município e no Regimento Interno da Câmara Municipal.

1. O ciclo orçamentário tem início com a elaboração do Projeto de Lei do Plano Plurianual pelo Poder Executivo. Isso ocorre no primeiro ano de governo do presidente, governador ou prefeito recém-empossado ou reeleito. Na União, o chefe do Executivo deve encaminhar o projeto de lei do PPA ao Legislativo até o dia 31 de agosto.

2. Os membros do Legislativo discutem, apresentam emendas e votam o projeto de lei do PPA até o encerramento da sessão legislativa. Na União, esse prazo termina em 15 de dezembro. Se até essa data o PPA não for votado, o recesso é suspenso e os parlamentares continuam em atividade até concluir a votação.

3. Com base no PPA, o Executivo formula o Projeto de Lei de Diretrizes Orçamentárias, definindo prioridades e metas de governo. Os governantes recém-empossados baseiam-se no PPA elaborado no governo anterior. Na União, o projeto de LDO deve ser enviado ao Legislativo até o dia 15 de abril.

4. Os membros do Legislativo têm até o encerramento da primeira parte da sessão legislativa (30 de junho, no caso da União) para examinar, modificar e votar o projeto de LDO. Do contrário, o recesso pode ser suspenso até que a LDO seja aprovada.

5. O Poder Executivo formula o Projeto de Lei Orçamentária Anual de acordo com o PPA e a LDO. A elaboração da proposta orçamentária começa no início do ano e é concluída depois da aprovação da LDO. Na União, o presidente tem até 31 de agosto para encaminhar o projeto ao Congresso Nacional.

6. O Poder Legislativo deve examinar, modificar e votar o projeto de LOA até o encerramento da sessão legislativa, que ocorre em 15 de dezembro. Caso contrário, o recesso é suspenso até que a votação seja concluída.

7. Os órgãos e as entidades da administração pública executam seus orçamentos e ficam sujeitos à fiscalização e ao controle interno do respectivo poder, assim como ao controle externo (Poder Legislativo, Tribunal de Contas e sociedade).

8. Até 30 dias após a publicação da LOA, o Executivo estabelece o **cronograma mensal de desembolso** e a **programação financeira**, de acordo com as determinações da Lei de Responsabilidade Fiscal.

9. A cada dois meses, o Executivo reavalia as estimativas de receitas e despesas, para verificar se a meta fiscal será cumprida. Se necessário, para atingir a meta, os poderes (Legislativo, Executivo e Judiciário) reduzem temporariamente os limites para a realização de despesas. Essa redução é denominada **contingenciamento**.

10. Conforme determina a Constituição Federal, 30 dias após o final de cada bimestre, o Executivo deve divulgar um **relatório resumido da execução orçamentária** (gastos do governo).

11. De acordo com determinações da Lei de Responsabilidade Fiscal, **os três poderes divulgam um relatório de gestão fiscal 30 dias após o final de cada quadrimestre.** Isso permite comparar a despesa com pessoal e o montante da dívida pública com os limites previstos na legislação.

12. Após o encerramento do exercício financeiro (31 de dezembro), o Executivo elabora os balanços e os demonstrativos contábeis gerais (de todos os órgãos e entidades da administração pública). Cada poder – Executivo, Legislativo e Judiciário elabora sua prestação de contas separadamente.

13. O Executivo apresenta suas contas do ano anterior ao Legislativo em no máximo 60 dias após a abertura da sessão legislativa, que tem início em 15 de fevereiro, no caso da União.

14. O Tribunal de Contas emite parecer prévio sobre as contas do Executivo e dos demais poderes. Normalmente, isso ocorre em até 60 dias após o recebimento das contas pelo Tribunal.

15. O Legislativo julga as contas apresentadas pelo Executivo. No âmbito da União, não há prazo fixado.

16. O Executivo divulga um **relatório de avaliação da execução do Plano Plurianual (PPA)**. Isso ocorre geralmente nos três primeiros meses do ano.

Aplicações mínimas

A Constituição de 1988, também chamada de constituição cidadã, determina gastos mínimos para duas áreas consideradas prioritárias no país: a saúde e a educação. Isso significa que, independente da orientação política do governo, uma destinação mínima da receita deve ser direcionada para essas duas áreas. No caso da educação, a destinação mínima no orçamento público corresponde a **18% da arrecadação com impostos.** No caso da saúde, corresponde à **13,2% da receita corrente líquida.** Essas são as porcentagens para o governo federal.

Para as outras áreas, como segurança, pessoal e assistência, não há um mínimo constitucional. Pode haver um máximo, como é o caso das despesas com pessoal. A Lei de Responsabilidade Fiscal coloca que **o gasto com pessoal não pode atingir 60% da receita**. Essa, inclusive, é uma das principais pautas de discussão do orçamento público. Isso porque o número de funcionários públicos continua crescendo e, cada vez mais, governos municipais e estaduais utilizam de artifícios não previstos para se adequar a esse limite. Essa discussão, no entanto, não se refere ao aumento ou à redução do limite de 60%, o que é justo, afinal a função do Estado não é alocar recursos por meio de emprego, mas sim a de ofertas de bens e serviços à população. A discussão do gasto público com pessoal tem a ver com **o que deve ser considerado na conta dos 60%**, já que a Lei de Responsabilidade Fiscal não define de forma clara. Assim, não se tem ao certo se deve incluir o pagamento dos inativos, dos funcionários terceirizados, entre outras obrigações.

Orçamento Participativo

O orçamento público também pode ser elaborado com a **participação direta da população**. Nesse modelo, os cidadãos debatem e discutem as prioridades de investimentos em obras e serviços a serem realizados.

O orçamento participativo normalmente é realizado na esfera municipal. Assim, a prefeitura faz um estudo prévio das opções e possibilidades das obras a serem colocadas no orçamento público, porém, antes de a obra ser definida, as opções podem ser votadas e discutida em fóruns e audiências públicas. Depois desta discussão, o projeto mais votado entra na respectiva lei orçamentária.

A Federação Nacional dos Estudantes dos Cursos do Campo de Públicas (FENEAP), fundada em julho de 2007, é a entidade máxima de representação em âmbito nacional dos estudantes de nível superior do Campo de Públicas, o qual abrange os cursos de Administração Pública, Ciências do Estado, Gestão Pública, Gestão de Políticas Públicas, Gestão Social e Políticas Públicas. A FENEAP se articula com entidades de representação acadêmica: os centros acadêmicos e diretórios acadêmicos. Essas agremiações dirigem-se aos estudantes do curso ou centro de estudos em nível superior com a finalidade de troca de informações e fortalecimento dos projetos da federação, que são voltados ao interesse acadêmico, científico e ao debate público.

PLANO PLURIANUAL

O **Plano Plurianual** (PPA), no Brasil, previsto no artigo 165 da Constituição Federal e regulamentado pelo Decreto 2.829, de 29 de outubro de 1998 [1] é um plano de médio prazo, que estabelece as diretrizes, objetivos e metas a serem seguidos pelo Governo Federal, Estadual ou Municipal ao longo de um período de quatro anos.

É aprovado por lei quadrienal, sujeita a prazos e ritos diferenciados de tramitação. Tem vigência do segundo ano de um mandato presidencial até o final do primeiro ano do mandato seguinte. Também prevê a atuação do Governo, durante o período mencionado, em programas de duração continuada já instituídos ou a instituir no médio prazo.

Com a adoção deste plano, tornou-se obrigatório o Governo planejar todas as suas ações e também seu orçamento de modo a não ferir as diretrizes nele contidas, somente devendo efetuar investimentos em programas estratégicos previstos na redação do PPA para o período vigente. Conforme a Constituição, também é sugerido que a iniciativa privada volte suas ações de desenvolvimento para as áreas abordadas pelo plano vigente.

O PPA é dividido em planos de ações, e cada plano deverá conter: objetivo, órgão do Governo responsável pela execução do projeto, valor, prazo de conclusão, fontes de financiamento, indicador que represente a situação que o plano visa alterar, necessidade de bens e serviços para a correta efetivação do previsto, ações não previstas no orçamento da União, regionalização do plano, etc.

Cada um desses planos (ou programas), será designado a uma unidade responsável competente, mesmo que durante a execução dos trabalhos várias unidades da esfera pública sejam envolvidas. Também será designado um gerente específico para cada ação prevista no Plano Plurianual, por determinação direta da Administração Pública Federal. O decreto que regulamentou o PPA prevê que sempre se deva buscar a integração das várias esferas do poder público (federal, estadual e municipal), e também destas com o setor privado.

A cada ano, será realizada uma avaliação do processo de andamento das medidas a serem desenvolvidas durante o período quadrienal – não só apresentando a situação atual dos programas, mas também sugerindo formas de evitar o desperdício de dinheiro público em ações não significativas. Sobre esta avaliação é que serão traçadas as bases para a elaboração do orçamento federal anual.

A avaliação anual poderá se utilizar de vários recursos para sua efetivação, inclusive de pesquisas de satisfação pública, quando viáveis.

Embora teoricamente todos os projetos do PPA sejam importantes e necessários para o desenvolvimento sócio-econômico do Brasil, dentro dele já são estabelecidos projetos que detêm de maior prioridade na sua realização.

Pode-se afirmar que o Plano Plurianual faz parte da política de descentralização do governo federal, que já é prevista na Constituição vigente. Nas diretrizes estabelecidas em cada plano, é fundamental a participação e apoio das demais esferas da administração pública, que sem dúvida têm mais conhecimento dos problemas e desafios que são necessários enfrentar para o desenvolvimento sustentável local.

A regulamentação do PPA prevista no art. 165 da Constituição foi inicialmente contemplada no artigo 3º da Lei Complementar 101/2000 ou simplesmente Lei de Responsabilidade Fiscal. Infelizmente, o artigo foi vetado, mas a sua elaboração continua obrigatória. Ele é peça fundamental da Gestão e a partir da vigência da LRF a criação de despesa que não esteja contemplada no PPA, será considerada não autorizada e lesiva ao patrimônio público (art. 15, combinado com os Arts. 16, II e 17, § 4º). O PPA deverá ser elaborado no primeiro ano de governo e encaminhado até 31 de agosto, contemplando as ações governamentais, desdobradas em programas e metas.

Com a adoção deste plano, tornou-se obrigatório o Governo planejar todas as suas ações e também seu orçamento de modo a não ferir as diretrizes nele contidas, somente devendo efetuar investimentos em programas estratégicos previstos na redação do PPA para o período vigente. Conforme a Constituição, também é sugerido que a iniciativa privada volte suas ações de desenvolvimento para as áreas abordadas pelo plano vigente.

LEI DE DIRETRIZES ORÇAMENTÁRIAS

É a lei que antecede a lei orçamentária, que define as meta e prioridades em termos de programas a executar pelo Governo. O projeto de lei da LDO deve ser enviado pelo Poder Executivo ao Congresso Nacional até o dia 15 de abril de cada ano (8 meses e meio antes do encerramento da sessão legislativa).

No Brasil, a Lei de Diretrizes Orçamentárias - LDO tem como a principal finalidade orientar a elaboração dos orçamentos fiscal e da seguridade social e de investimento do Poder Público, incluindo os poderes Executivo, Legislativo, Judiciário e as empresas públicas e autarquias. Busca sintonizar a Lei Orçamentária Anual - LOA com as diretrizes, objetivos e metas da administração pública, estabelecidas no Plano Plurianual.

A lei de diretrizes orçamentárias - LDO define as metas e prioridades do governo para o ano seguinte, orienta a elaboração da lei orçamentária anual, dispõe sobre alterações na legislação tributária e estabelece a política das agências de desenvolvimento.

LEI ORÇAMENTÁRIA ANUAL

No Brasil, a **Lei de Diretrizes Orçamentárias (LDO)** tem como a principal finalidade orientar a elaboração dos orçamentos fiscais e da seguridade social e de investimento do Poder Público, incluindo os poderes Executivo, Legislativo, Judiciário e as empresas públicas e autarquias. Busca sintonizar a Lei Orçamentária Anual (LOA) com as diretrizes, objetivos e metas da administração pública, estabelecidas no Plano Plurianual. De acordo com o art. 165, § 2º da Constituição Federal, a LDO:

- compreenderá as metas e prioridades da administração pública, incluindo as despesas de capital para o exercício financeiro subsequente;

- orientará a elaboração da LOA;

- disporá sobre as alterações na legislação tributária;

- estabelecerá a política de aplicação das agências financeiras oficiais de fomento.

A iniciativa do projeto da LDO é exclusiva do chefe do Poder Executivo (no âmbito federal, o Presidente da República, por meio da Secretaria de Orçamento Federal). O projeto é, então encaminhado ao Congresso Nacional até o dia 15 de abril de cada ano, para aprovação.

A Constituição não admite a rejeição do projeto de lei de diretrizes orçamentárias, porque declara, expressamente, que a sessão legislativa não será interrompida sem a aprovação do projeto de lei de diretrizes orçamentárias (art. 57, § 2º.).

É elaborada anualmente pelo poder Executivo em atendimento à Constituição Federal e a Lei Federal 4.320/64, que estabelece as normas gerais para elaboração, execução e controle orçamentário.

É elaborada para possibilitar a concretização das situações planejadas no Plano Plurianual. Obedece a Lei de Diretrizes Orçamentárias estabelecendo a programação das ações a serem executadas para alcançar os objetivos determinados, cujo cumprimento se dará durante o exercício financeiro.

Do mesmo modo que a Lei de Diretrizes Orçamentárias é instrumento constitucional de planejamento operacional. Por determinação constitucional, o Governo é obrigado a encaminhar o Projeto de Lei Orçamentária Anual ao Congresso nacional até o dia 31 de agosto de cada ano (4 meses antes do encerramento da sessão legislativa). Acompanha o projeto, uma mensagem do Presidente da República, na qual é feito um diagnóstico sobre a situação econômica do país e suas perspectivas.

A Constituição determina que o Orçamento deva ser votado e aprovado até o final de cada legislatura. Depois de aprovado, o projeto é sancionado e publicado pelo Presidente da República, transformando-se na Lei Orçamentária Anual.

Capítulo 2 - Conceitos. Tipo de orçamento, créditos orçamentários e adicionais

Define-se Contabilidade Pública como sendo o ramo da contabilidade que registra, controla e demonstra a execução dos orçamentos, dos atos e fatos da fazenda pública e o patrimônio público e suas variações.

Portanto, seu escopo relaciona-se ao controle e gestão dos recursos públicos. Com o advento da Lei de Responsabilidade Fiscal - LRF (Lei Complementar 101/2000), a Contabilidade Pública alçou uma maior importância e valorização.

Diferença Contabilidade Societária x Contabilidade Pública

A Contabilidade Societária, relacionada com a atividade privada, rege-se pela Lei das Sociedades Anônimas e pelo Código Civil, que estabelecem regras de procedimentos contábeis. Já a contabilidade pública é regulada pela Lei 4.320/1964, que é a Lei das Finanças Públicas.

A Contabilidade Societária tem como foco principal o patrimônio e as suas avaliações, de tal forma que a principal peça é o balanço patrimonial.

Porém, na Contabilidade Pública, o mais relevante é o balanço de resultados, que trata da despesa e da receita, ou seja, de que forma foi arrecadado o dinheiro e como foi aplicado.

Outra diferença é que a contabilidade da área societária tem como visão o patrimônio e o lucro. Já na área pública, a visão é a gestão.

INOVAÇÕES DA LEI DE RESPONSABILIDADE FISCAL

A Lei de Responsabilidade Fiscal - LRF deu forma ao Relatório Resumido da Execução Orçamentária, definiu o que compõe o relatório, como se publica essa informação.

Também trouxe como inovação o relatório de gestão fiscal, que visa demonstrar se foram atingidas as metas e os limites estabelecidos na lei de responsabilidade fiscal. Outra inovação é que a lei exigiu que as receitas vinculadas tenham a contabilização de onde está evidenciado o que já foi aplicado e qual é o saldo.
A lei também passou a dar uma maior importância e visibilidade à contabilidade.

CARACTERÍSTICAS DA CONTABILIDADE PÚBLICA

A Contabilidade Pública - seja na área Federal, Estadual, Municipal ou no Distrito Federal -

tem como base a Lei 4.320, de 17 de março de 1964, que instituiu normas gerais de direito financeiro para elaboração e controle dos orçamentos e balanços da União, dos Estados, dos Municípios e do Distrito Federal.

A Lei 4.320/64 está para a Contabilidade Aplicada à Administração Pública assim como a Lei das Sociedade por Ações (Lei 6.404/76) está para a Contabilidade aplicada à atividade empresarial.

A Contabilidade Pública registra a previsão da receita e a fixação da despesa, estabelecidas no Orçamento Público aprovado para o exercício, escritura a execução orçamentária da receita e da despesa, faz a comparação entre a previsão e a realização das receitas e despesas, controla as operações de crédito, a dívida ativa, os valores, os créditos e obrigações, revela as variações patrimoniais e mostra o valor do patrimônio.

A Contabilidade pública está interessada também em todos os atos praticados pelo administrador, sejam de natureza orçamentária (previsão da receita, fixação da despesa, empenho, descentralização de créditos etc.) ou sejam meramente administrativos (contratos, convênios, acordos, ajustes, avais, fianças, valores sob responsabilidade, comodatos de bens, etc.) representativos de valores potenciais que poderão afetar o patrimônio no futuro.

O objeto de qualquer contabilidade é o patrimônio. A Contabilidade Pública não está interessada somente no patrimônio e suas variações, mas, também, no orçamento e sua execução (previsão e arrecadação da receita e a fixação e a execução da despesa).

A Contabilidade Pública, além de registrar todos os fatos contábeis (modificativos, permutativos e mistos), registra os atos potenciais praticados pelo administrador, que poderão alterar qualitativa e quantitativamente o patrimônio.

O objetivo da Contabilidade Pública é o de fornecer aos gestores informações atualizadas e exatas para subsidiar as tomadas de decisões, aos órgãos de controle interno e externo para o cumprimento da legislação e às instituições governamentais e particulares informações estatísticas e outras de interesse dessas instituições.

Durante o exercício financeiro, o poder executivo pode solicitar ao legislativo o acréscimo das dotações orçamentárias. Esses acréscimos, quando autorizados pelo legislativo, serão, então, *adicionados* ao orçamento corrente. Por isso, tais adições chamam-se de **créditos adicionais**.

Por se tratar de aumento de despesa do orçamento corrente, cada solicitação de crédito adicional deve ser acompanhada da fonte de recursos.

Consideram-se fontes *hábeis* de recursos:

- O superávit financeiro (apurado no balanço patrimonial do exercício anterior);

- O excesso de arrecadação;

- Os recursos provenientes da anulação parcial ou total de dotações orçamentárias ou de outros créditos adicionais;

- O produto de operações de crédito autorizadas em lei.

- Reserva de Contingência

- Recursos sem despesas correspondentes

Vale lembrar que não são permitidas as concessões de créditos adicionais ilimitados, sendo necessário, portanto, que a concessão sempre expresse seu valor, que não poderá ser superior à fonte de recurso hábil.

A própria lei orçamentária anual pode incluir autorização para abertura de créditos adicionais até determinado montante, a fim de tornar mais ágil a gestão orçamentária e financeira.

Os créditos adicionais classificam-se, segundo sua finalidade em:

- Créditos suplementares;

- Créditos especiais;

- Créditos extraordinários.

Créditos suplementares

Os créditos suplementares destinam-se a reforçar uma dotação já existente no orçamento do exercício financeiro corrente.

Sua vigência acompanha a do orçamento em vigor.

São abertos por decreto, mas autorizados por lei. A lei que autoriza determinado crédito suplementar é uma única, porém vários decretos podem abrir, parceladamente, o crédito autorizado.

É o único crédito Adicional que pode ser aprovado junto com a LOA.

Créditos especiais

Os créditos suplementares destinam-se a reforçar uma dotação já existente no orçamento do exercício financeiro corrente, sua vigência acompanha a do orçamento em vigor. São abertos por decreto, mas autorizados por lei. A lei que autoriza determinado crédito suplementar é uma única, porém vários decretos podem abrir, parceladamente, o crédito autorizado. Base Legal: Lei 4320/64 Art. 42, 43 - Art. 167 CF

Créditos extraordinários

Os créditos extraordinários destinam-se a atender despesas imprevistas e urgentes (calamidade pública, guerra, surtos epidêmicos, etc).

São abertos por decreto do Executivo, independentemente de autorização legislativa, face à urgência das situações que o justificam.

Quando aberto este tipo de crédito adicional, o Poder Executivo tem a obrigação de informar imediatamente o Legislativo, justificando as causas de tal procedimento.

A vigência dos créditos extraordinários cessa em 31 de dezembro do ano de sua abertura, salvo se abertos nos últimos quatro meses do ano, caso em que sua vigência se estende até o término do exercício subseqüente ou até quando cessarem as causas que justificaram o crédito extraordinário.

Capítulo 3. Receita Governamental: Classificação da receita pública. Estágios da receita: previsão, lançamento, arrecadação e recolhimento

Receita pública é o montante total (impostos, taxas, contribuições e outras fontes de recursos) em dinheiro recolhido pelo Tesouro Nacional, incorporado ao patrimônio do Estado, que serve para custear as despesas públicas e as necessidades de investimentos públicos. Regulamentada pela Lei de Orçamento, LEI No 4.320, DE 17 DE MARÇO DE 1964, ao assunto, refere-se o CAPÍTULO II da mesma, cujo título é *Da Receita*.

Em sentido amplo, receita pública é o recolhimento de bens aos cofres públicos, sendo sinônimo de ingresso ou entrada.

Diferencia-se da receita tributária pois ao contrário desta, não está limitada à arrecadação de tributos e multas, sendo que a receita tributária é um dos tipos de receita pública.

A receita pública também embarca as receitas das empresas estatais, a remuneração dos investimentos do Estado e os juros das dívidas fiscais.

Ingresso - outras entradas que não se consideram receita, é a receita que não foi arrematada, operações de curso anormal. ex: Antecipação de Receita Orçamentária.

Classificação da receita pública no Brasil

A receita pública se divide em dois grandes grupos: as receitas orçamentárias e as extraorçamentárias.

Receita orçamentária

Receitas orçamentárias são aquelas que entram de forma definitiva no patrimônio, são recursos próprios que poderão financiar políticas públicas e os programas de governo. Podem estar previstas no orçamento público LOA ou não. O fato de estar ou não estar prevista na LOA ou em Lei de Crédito Adicional não serve de parâmetro para a diferenciação de receita orçamentária e extraorçamentária.

A Classificação da Receita: - Conforme a lei n. 4.320/64 - Art.11, § 4º foi alterada pelo decreto-lei Nº 1.939, DE 20 DE MAIO DE 1982.

1-Receitas Correntes — *Conforme a lei 4.320/64 Art.11 § 1º São Receitas Correntes as receitas tributárias, de contribuições, patrimonial, agropecuária, industrial, de serviços e outras e, ainda, as provenientes de recursos financeiros recebidos de outras pessoas de direito público ou privado, quando destinadas a atender despesas classificáveis em Despesas Correntes.*

- *receita tributária* — é a proveniente de impostos, taxas e contribuições de melhorias;
- *receita de Contribuições* — é a proveniente das seguintes contribuições sociais(previdência social, saúde e assistência social), de intervenção domínio

econômico(tarifas de telecomunicações) e de interesse das categorias profissionais ou econômicas(órgãos representativos de categorias de profissionais), como instrumentos de intervenção nas respectivas áreas;

- *receita patrimonial* — rendas obtidas pelo Estado quando este aplica recursos em inversões financeiras, ou as rendas provenientes de bens de propriedade do Estado, tais como aluguéis;

- *receita agropecuária* — é a proveniente da exploração de atividades agropecuárias de origem vegetal ou animal;

- *receita de serviços* — é a proveniente de atividades caracterizadas pelas prestações de serviços financeiros, transporte, saúde, comunicação, portuário, armazenagem, de

- inspeção e fiscalização, judiciário, processamento de dados, vendas de mercadorias e produtos inerentes a atividades da entidade entre outros;

- *receita industrial* — resultante da ação direta do Estado em atividades comerciais, industriais ou agropecuárias;

- *transferências correntes* — recursos financeiros recebidos de outras entidades públicas ou privadas e que se destinam a cobrir despesas correntes;

- *outras receitas correntes* — provenientes de multas, cobrança da dívida ativa, indenizações e outra receitas de classificação específica;

2- receitas de capital — *provenientes de operações de crédito, alienações de bens, amortizações de empréstimos concedidos, transferências de capital e outras receitas de capitais;*

- *operações de crédito* — oriundas da constituição de dívidas (empréstimos e financiamentos);

- *alienação de bens* — provenientes da venda de bens móveis e imóveis e de alienação de direitos;

- *amortização de empréstimos concedidos* — retorno de valores anteriormente emprestados a outras entidades de direito público;

- *transferência de capital* — recursos recebidos de outras pessoas de direito público ou privado, destinados à aquisição de bens;

- *outras receitas de capital* — classificação genérica para receitas não especificadas na lei; também classifica-se aqui o superávit do orçamento corrente (diferença entre receitas e despesas correntes), embora este não constitua item orçamentário.

Receita extraorçamentária

Receitas extraorçamentárias são aquelas que não fazem parte do orçamento público.[4]

Como exemplos temos as cauções, fianças, depósitos para garantia, consignações em folha de pagamento, retenções na fonte, salários não reclamados, operações de crédito por antecipação de receita (ARO) e outras operações assemelhadas.

Sua arrecadação não depende de autorização legislativa e sua realização não se vincula à execução do orçamento.

Tais receitas também não constituem renda para o Estado, uma vez que este é apenas depositário de tais valores. Contudo tais receitas somam-se às disponibilidades financeiras do Estado, porém têm em contrapartida um passivo exigível que será resgatado quando da realização da correspondente despesa extraorçamentária.

Em casos especiais, a receita extraorçamentária pode converter-se em receita orçamentária. é o caso de quando alguém perde, em favor do Estado, o valor de uma caução por inadimplência ou quando perde o valor depositado em garantia. O mesmo acontece quando os restos a pagar têm sua prescrição administrativa decorrida. É importante frisar que cauções, fianças, e depósitos efetuados em títulos e assemelhados quando em moeda estrangeira são registrados em contas de compensação, não sendo, portanto considerados receitas extraorçamentárias.

Processamento da receita pública

Processamento da receita pública é o conjunto de atividades desenvolvidas pelos órgãos arrecadadores, com o objetivo de arrecadar dinheiros e bens públicos que, por força de lei ou contrato, pertençam ao Estado.

O processamento da receita pública abrange dois períodos distintos: a estimação da receita (onde se elabora a proposta orçamentária) e a realização da receita.

Estágio da realização da receita

O estágio de realização da receita pública reúne atividades que são classificadas em estágios que segundo o Regulamento de Contabilidade Pública, se dividem em previsão, lançamento, arrecadação e recolhimento.

Previsão

A previsão implica planejar e estimar a arrecadação das receitas orçamentárias que constarão na proposta orçamentária.

Lançamento
É a individualização e o relacionamento dos contribuintes, discriminando a espécie, o valor e o vencimento do tributo de cada um. Realizado para os casos de impostos diretos (os que recaem sobre a propriedade e a renda) e outras receitas que também dependem de lançamento prévio (aluguéis, arrendamentos, foros, etc.). É de se observar que não são todas as receitas que passam por esta fase.

Arrecadação

É o momento onde os contribuintes comparecem perante os agentes arrecadadores a fim de liquidarem suas obrigações para com o Estado.

Recolhimento

É o ato pelo qual os agentes arrecadadores entregam diariamente o produto da arrecadação ao Tesouro Público.

É importante observar que nenhum agente arrecadador pode utilizar o produto da arrecadação para realizar pagamentos. Os pagamentos devem ser feitos com recursos específicos para este fim.

Resíduos ativos ou restos a arrecadar

Os créditos não lançados e não arrecadados até o último dia do exercício financeiro a que pertencem constituirão receita no exercício em que forem arrecadados.[4]

Já os créditos lançados e não arrecadados são, no Brasil, incorporados ao patrimônio, no ativo permanente, como componente da dívida ativa.

Contabilização

A receita pública é contabilizada de forma analítica e sintética.

A contabilização analítica é feita no diário da receita orçamentária e no diário do movimento extraorçamentário, escriturados por partidas simples.

A escrituração sintética é feita no diário geral pelos totais mensais e pelo método das partidas dobradas.

Capítulo 4. Despesa Governamental: Conceito e classificações da despesa pública orçamentária; Despesas obrigatórias de caráter continuado; Estágios da despesa: fixação, empenho, liquidação e pagamento

Despesa pública é o conjunto de dispêndios realizados pelos entes públicos para custear os serviços públicos (despesas correntes) prestados à sociedade ou para a realização de investimentos (despesas de capital).

As despesas públicas devem ser autorizadas pelo Poder Legislativo, por meio do ato administrativo chamado orçamento público. Exceção diz respeito às despesas extraorçamentárias.

As despesas públicas devem obedecer aos seguintes requisitos:

- Utilidade: atender a um número significativo de pessoas;

- Legitimidade: atender a uma necessidade pública real;

- Discussão pública: ser discutida e aprovada pelo Poder Legislativo e pelo Tribunal de Contas do respectivo ente;

- Possibilidade contributiva: possibilidade de a população atender à carga tributária decorrente da despesa;

- Oportunidade;

- Hierarquia de gastos; e

- Ser estipulada (prevista) em lei.

Ela se divide, no Brasil, em *despesa orçamentária* e *despesa extraorçamentária*.

Despesa orçamentária é aquela que depende de autorização legislativa para ser realizada e que não pode ser efetivada sem a existência de crédito orçamentário que a corresponda suficientemente.

Classificam-se em categorias econômicas, também chamadas de *natureza da despesa* e tem como objetivo responder à sociedade o que será adquirido e qual o efeito econômico do gasto público. Dividem-se, de acordo com o art. 12 da Lei 4.320/1964, conforme o esquema abaixo:

- **Despesas correntes:**

  - *Despesas de custeio*: destinadas à manutenção dos serviços criados anteriormente à Lei Orçamentária Anual (LOA), e correspondem, dentre outros gastos, os com pessoal, material de consumo, serviços de terceiros e gastos com obras de conservação e adaptação de bens imóveis;

o *Transferências correntes*: são despesas que não correspondem à contraprestação direta de bens ou serviços por parte do Estado e que são realizadas à conta de receitas cuja fonte seja transferências correntes. Subdividem-se em:

- Subvenções sociais: destinadas a cobrir despesas de custeio de instituições públicas ou privadas de caráter assistencial ou cultural, desde que sem fins lucrativos;

- Subvenções econômicas: destinadas a cobrir despesas de custeio de empresas públicas de caráter industrial, comercial, agrícola ou pastoril.

- **Despesas de capital**:

o *Despesas de investimentos*: despesas necessárias ao planejamento e execução de obras, aquisição de instalações, equipamentos e material permanente, constituição ou aumento do capital do Estado que não sejam de caráter comercial ou financeiro, incluindo-se as aquisições de imóveis considerados necessários à execução de tais obras;

o *Inversões financeiras*: são despesas com aquisição de imóveis, bens de capital já em utilização, títulos representativos de capital de entidades já constituídas (desde que a operação não importe em aumento de capital), constituição ou aumento de capital de entidades comerciais ou financeiras (inclusive operações bancárias e de seguros). Em suma, são operações que importem a troca de dinheiro por bens.

o *Transferências de capital*: transferência de numerário a entidades para que estas realizem investimentos ou inversões financeiras. Nessas despesas, incluem-se as destinadas à amortização da dívida pública. Podem ser:

- Auxílios: se derivadas da lei orçamentária;

- Contribuições: derivadas de lei anterior à lei orçamentária.

As *categorias econômicas*, por seu turno, dividem-se em elementos e subelementos, sendo que estes, por sua vez, bifurcam, por fim, em rubricas e sub-rubricas.

A estrutura da conta, para fins de consolidação nacional dos Balanços das Contas Públicas e cumprimento ao dispositivo da Lei de Responsabilidade Fiscal (LRF), apresenta seis dígitos. O 1º dígito (1º nível) corresponde à categoria econômica. O 2º dígito (2º nível) corresponde ao grupo da despesa. Os 3º e 4º dígitos (3º nível) correspondem à modalidade da despesa. E os 5º e 6º dígitos (4º nível) correspondem ao elemento da despesa.

Despesas obrigatórias de caráter continuado

O orçamento público possui gastos que são obrigatórios e gastos discricionários. Gastos obrigatórios são aquelas despesas que por imposição de ato normativo, o que em sentido amplo inclui Constituição, lei, medida provisória e ato administrativo normativo, devendo estar consignada na lei orçamentária anual, ou seja, é despesa obrigatória em razão de ato normativo fixar, anteriormente, a sua consignação na lei orçamentária. E os gastos discricionários estão na órbita da lei orçamentária, sem ato normativo anterior obrigando a efetivação da despesa, representam a possibilidade de efetuar o programa (ou políticas públicas) de quem está na direção do governo e significam uma parcela orçamentária-financeira inferior ao dos gastos obrigatórios.

Com a Lei de Responsabilidade Fiscal (LRF) uma fração significativa dos gastos obrigatórios recebeu tratamento com mais detalhes em seu regramento. Esta fração está denominada de despesa obrigatória de caráter continuado (DOCC). Esta despesa é criada por ato normativo como qualquer despesa obrigatória, além disso, diz respeito a despesa corrente e, pelo caráter continuado, tem execução por período superior a dois exercícios financeiros.

A preocupação com o controle das despesas obrigatórias continuadas fez com que na LRF mais condições para sua efetivação fossem detalhadas, incluindo aí medidas de compensação, comprovação de atendimento das metas fiscais e demonstrativo da sua margem de expansão.

Então, para marcar a definição legal, despesa obrigatória de caráter continuado (DOCC) é uma despesa corrente, derivada de lei, medida provisória ou ato administrativo normativo com duração superior a dois exercícios financeiros.

Os atos de criação ou aumento das DOCC's deverão ser instruídos com a estimativa do impacto orçamentário-financeiro no exercício em que deva entrar em vigor e nos dois subsequentes, além de demonstrar a origem dos recursos para seu custeio (§1º do art. 17 da LRF). E para atendimento desta condição, em destaque a demonstração da origem dos recursos para custeio, está caraterizada a medida de compensação, tal como: aumento permanente de receita, seja com criação de tributo ou contribuição, majoração, aumento de alíquotas ou ampliação da base de cálculo ou, por outro lado, redução permanente de despesa. Além de adotar uma destas medidas de compensação, está comprovar que as metas fiscais (resultados primário e nominal) não serão afetadas.

As medidas de compensação com a criação de despesa ou seu aumento, assim como não afetar as metas fiscais buscam alcançar neutralidade fiscal. A criação de uma despesa, neste contexto, só ocorre a partir da redução de outra ou do aumento de receita. O que se busca com as medidas de compensação é atingir a neutralidade fiscal, pois se cria uma despesa que não tem impacto fiscal. Outra regra trazida na LRF (§5º do art. 17) objetiva garantir a neutralidade fiscal ao impor a condição de não executar DOCC antes de implementar medidas de compensação.

Além destas condições para execução de DOCC, caso uma despesa temporária seja prorrogada e supere dois exercícios financeiros entra como aumento de despesa e passa a ter que seguir o regramento das DOCC's. Um exemplo é a prorrogação de benefício assistencial inicialmente criado para dois anos e passa a valer por mais cinco, vira geração de despesa obrigatória continuada (NASCIMENTO, 2009, p. 114).

Por outro lado, mesmo tendo todas as características de DOCC's não ficam a esta submetidas as despesas com serviço da dívida e reajuste de remuneração de pessoal com base no inciso X do art. 37 da Constituição Federal (§6º do art. 17 da LRF).

E como forma de compatibilizar a DOCC com a LDO e LOA foram incluídas a apresentação de demonstrativo e documento de medida de compensação. Na LDO há o demonstrativo da margem de expansão das DOCC's que está previsto no seu Anexo de Metas Fiscais. E a LOA será acompanhada das medidas de compensação ao aumento das DOCC's.

Por último, na leitura de Santa Helena (2009, p. 28) DOCC e renúncia de receita, embora esta última seja tão ou mais privilegiada, as consequências de ambas para o equilíbrio fiscal são de ordem comparáveis.

OBS: despesa obrigatória de caráter continuado também é conhecida por despesa obrigatória continuada e pela sigla DOCC.

Bibliografia

BRASIL. Constituição da República Federativa do Brasil. Texto promulgado em 5 de outubro de 1988, com alterações pelas Emendas Constitucionais de Revisão n. 1 a 6/94 e pelas Emendas Constitucionais n. 1/92 a 83/2014. Senado Federal. Brasília, 2014.

BRASIL. Lei Complementar n. 101, de 4 de maio de 2000. Disponível em: http://www.planalto.gov.br/ccivil_03/leis/LCP/Lcp101.htm. Acesso em 09 de outubro de 2017.

NASCIMENTO, Edson Ronaldo. Lei de responsabilidade fiscal: comentada. 5 edição. Brasília. Vestcon, 2009.

SANTA HELENA, Eber Zohler. Competência parlamentar para geração e controle de despesas obrigatórias de caráter continuado e de gastos tributários. Brasília: Edições Câmara, 2009.

Questões

1 – (2016 – CESPE – TRIBUNAL DE CONTAS DO ESTADO DO PARÁ (TCE – PA) – Cargo 7: AUDITOR DE CONTROLE EXTERNO – ÁREA: ADMINISTRATIVA – ESPECIALIDADE: DIREITO) A simples prorrogação de despesa criada por prazo determinado não configura aumento de despesa pública.

2 – (2016 – CESPE – TRIBUNAL DE CONTAS DO ESTADO DE SANTA CATARINA (TCE – SC) – Cargo 1: AUDITOR FISCAL DE CONTROLE EXTERNO – ÁREA: CONTROLE EXTERNO – ESPECIALIDADE: ADMINISTRAÇÃO) Se determinado órgão público assinar contrato que crie obrigação legal para o ente público por período superior a dois exercícios financeiros, os efeitos financeiros da medida poderão ser compensados pela redução permanente da despesa orçamentária.

Gabarito

1 – E

2 – C

Capítulo 5. Contabilidade Pública: Conceito e campo de aplicação

A Contabilidade Aplicada ao Setor Público constitui ramo da ciência contábil que deve observar os princípios de contabilidade e seus pronunciamentos técnicos, que representa a essência das doutrinas e teorias relativas a essa ciência, que estabelece um conjunto de conceitos para escrituração e uma análise contábil. Os princípios são as bases e deverão ser de observância obrigatória na Administração Pública. Todos os órgãos e entes da administração devem observar esses princípios, pois servem de base para a boa prática contábil.

Essa ciência tem como objeto o patrimônio das organizações públicas, com objetivo de reconhecer, mensurar e evidenciar o patrimônio público e suas variações patrimoniais no decorrer do tempo, registrando as transações econômicas e financeiras, através de técnicas contábeis de **escrituração contábil, demonstrações contábeis, auditoria contábil e análise das demonstrações contábeis.**

O objeto da Contabilidade Aplicada ao Setor Público é o patrimônio público das entidades. Nesse sentido "(KOHAMA, 2003, p. 193)" entende que "O patrimônio público por analogia compreende o conjunto de bens, direitos e obrigações avaliáveis em moeda corrente, nas entidades que compõem a administração pública".

Patrimônio Público é conjunto de bens, direitos e obrigações de toda natureza e espécie que tenha importância para a Administração Pública. Os Bens públicos são corpóreas ou incorpóreas a exemplo de móveis ou imóveis, direitos e ações, créditos entre outros que pertençam a qualquer título, às entidades governamentais.

Segundo o MCASP (2012) O patrimônio público compõe-se dos seguintes elementos:

1.   **Ativo** – compreende os recursos controlados pela entidade como resultado de eventos passados e do qual se espera que resultem para a entidade benefícios econômicos futuros ou potencial de serviços;

2.   **Passivo** – compreende as obrigações presentes da entidade, derivadas de eventos passados, cujos pagamentos se esperam que resultem para a entidade saídas de recursos capazes de gerar benefícios econômicos ou potencial de serviços.

3.   **Patrimônio Líquido, Saldo Patrimonial ou Situação Líquida Patrimonial** – são os valores residuais dos ativos da entidade depois de deduzidos todos seus passivos.

Neste contexto é importante conhecer o "Campo de Aplicação da Contabilidade Aplicada ao Setor Público" conforme estabelece a Norma Brasileira de Contabilidade Aplicada ao setor Público NBCASP T 16.1. **Campo de aplicação**: espaço de atuação do profissional de contabilidade que demanda estudo, interpretação, identificação, mensuração, avaliação, registro, controle e evidenciação de fenômenos contábeis, decorrentes de variações patrimoniais em:

a) entidades do setor público; e

b) ou de entidades que recebem, guardem, movimentem, gerenciem ou apliquem recursos públicos, na execução de suas atividades, no tocante aos aspectos contábeis da prestação de contas (MCASP, 2013). Demonstra a doutrina o campo de aplicação de atuação da Contabilidade Aplicada ao setor Público.

A Lei de Responsabilidade Fiscal nº 101/2000, art. 50 contempla mais entidades no seu arcabouço contábil. (...) além de obedecer às demais normas de contabilidade pública, a escrituração das contas públicas observará as seguintes: III- **as demonstrações contábeis compreenderão, isolada e conjuntamente, as transações e operações de cada órgão, fundo ou entidade da administração direta, autárquica e fundacional, inclusive empresa estatal dependente.**

Entende por empresa estatal dependente a empresa controlada pelo ente público, ou seja, mais de 50% do capital social pertencente ao ente. Há exemplo de empresas estatais dependentes: CONAB, EMBRAPA, RADIOBRÁS entre outras.

De acordo a legislação, o campo de aplicação será para as seguintes entidades: União, Estados, Distrito Federal, Municípios, Autarquias, Fundações Públicas e Empresas Estatais Dependentes, os serviços autônomos e os conselhos profissionais exceto a OAB (Ordem dos Advogados do Brasil) serão **de forma integral**. Para as demais entidades do setor público, será de **forma parcial**.

O campo de aplicação da Contabilidade Pública limita-se aos órgãos e entidades integrantes do Orçamento Fiscal e da Seguridade Social dos governos federal, estadual e municipal. O que nos permite concluir que todas as empresas e entidades públicas que não estão contempladas no orçamento de investimentos, estão no campo de aplicação da Contabilidade Pública.

Capítulo 6. A nova contabilidade aplicada ao setor público; o patrimônio público e o Plano de contas aplicados ao setor público

Os órgãos públicos para sua gestão desde a década de 60 tinham como base a Lei 4.320/1964, lei essa referente às normas gerais de direito financeiro para elaboração e controle dos orçamentos e balanços dos entes federativos. Após quatro décadas veio a famosa Lei de Responsabilidade Fiscal (LC 101/2000) para reforça a gestão pública com a exigência de metas e limites nos gastos públicos. Cabe ressaltar que esta última lei em nada alterou a Lei 4.320/1964 que ainda esta em vigor, mas que nos próximos anos será revogada, informação essa repassada por Paulo Henrique Feijó da Silva, Coordenador-Geral de Normas de Contabilidade Aplicadas à Federação da Secretaria de Tesouro Nacional (STN), mas isso seria outro artigo por si só.

O Século XXI passou a ser um século de mudança para Ciência Contábil, primeiro no setor empresarial com as chamadas IFRS, convergidas no Brasil pelo CPCs, já em vigor há cinco anos e ainda em transformações. Essa necessidade de padronização das normas contábeis no mundo globalizado, não demorou muito a chegar ao setor público. Muitos sabem que os países tomam empréstimos e financiamentos de Bancos Internacionais, como Banco Mundial ou FMI, cada país tinha sua norma contábil aplicada ao setor público, no caso do Brasil não podemos dizer efetivamente que tínhamos a Ciência Contábil vigorando na nossa gestão pública país a fora, visto que foco até então era orçamentário, não tínhamos de fato a "Essência sobre a Forma".

Assim, muito nos moldes da IFRS, surgi internacionalmente as IPSAS (Internacional Public Sector Accounting Standards), editadas pela IFAC (Internacional Federation Accountants), no qual foram trazidas para Brasil pelo CFC (Conselho Federal de Contabilidade) e STN em 2008. E assim passaram pelo processo de Convergência por meio das NBC TSP e MCASPs, dessa forma elas passaram a ser adotadas facultativamente em 2012 e devem obrigatoriamente nesse ano (2013) ser adotadas por todos os entes federativos (União, Estados, municípios e Distrito Federal). E é claro que pelo fato do Exército Brasileiro fazer parte da União estará obrigado em todas as suas Organizações Militares (OM) a adoção da então chamada **CONTABILIDADE APLICADA AO SETOR PÚBLICO.**

O que muda nisso? Muda absolutamente tudo. Finalmente é aplica a Ciência Contábil na administração pública que até então estava em segundo plano. É a "Essência sobre a Forma". A União saiu na frente em muitos aspectos, visto que convergiu parte das novas normas, O **objeto** da contabilidade passa a ser o patrimônio público e não mais o patrimônio, o orçamento e os atos administrativos. Serão registrados os **procedimentos patrimoniais** como depreciação, exaustão e amortização, reavaliação e redução a valor recuperável.

No setor público, os bens imóveis e móveis eram registrados a um valor ínfimo de um real e se ainda o fossem registrados. Assim tudo deverá ser registrado pelo seu valor de custo histórico, ou seja, pelo valor de aquisição e poderá ter ajustes posteriormente. Assim será possível depreciar esses bens. Com isso, teremos o cumprimento dos princípios contábeis, na observância da Resolução 750/1993 e sua atualização e consolidação pela Resolução 1282/2010, ambas do CFC. Quanto aos bens existentes será necessário reavalia-los, para posterior depreciação, processo pelo qual ainda esta engatinhando no setor público, mas que os entes federativos deverão cumprir o quanto antes.

Como tudo antes era focado no orçamentário, ou seja, não vivíamos efetivamente uma Contabilidade Pública e sim um orçamento público, pois era muito mais planejamento. Tudo que se era registrado passava pelo orçamento. Agora tudo deve ser registrado quanto aos seus efeitos no patrimônio, e muito desses registros necessariamente não passarão pelo orçamentário, como exemplo disso temos a depreciação. O orçamentário continuará como sempre, mas não será mais o centro em todo processo de gestão.

Assim será necessário um controle muito maior do seu estoque, do seu ativo imobilizado e intangível, e do processo de reavaliação e da redução do valor recuperável.

Um aspecto de extrema importância em todo esse processo é o **regime adotado,** e um prato cheio para as dúvidas e as pegadinhas em concursos públicos. Sob enfoque patrimonial passa a ser regime de competência seja para receita quanto para despesas. Pois estamos falando de regime contábil, bem observada na NBC T 16.5, pelo qual deve observância aos princípios contábeis. O regime contábil é independente do momento da execução orçamentária. Agora quando falamos sob orçamentário fica como conhecemos até então, o regime é misto, de caixa para as receitas e de competência para as despesas.

Outro aspecto importante são quanto às demonstrações contábeis, na nova contabilidade elas foram introduzidas pela MCASP – VOLUME V. Elas já não se parecem com aquelas demonstrações que estavam nos anexos da Lei 4.320/1964, e que ainda muito cai na prova de Ciências Contábeis para EsFCEx. Para quem acompanhou a convergência no setor empresarial, vai ver muitas características semelhantes com as demonstrações contábeis utilizadas pelas empresas. Claro que com particularidades que cabem ao setor público, visto que ele não visa lucro e sim prestar serviço à população, no qual verificamos se houve déficit ou superávit.

O STN em sua apresentação desse processo todo pelo Brasil mostra duas funções da contabilidade. A função **Contabilidade como instituição** com a execução orçamentária, a patrimonial e das estatísticas fiscais (LRF, GFSM). E a **Contabilidade como ciência** que é Patrimônio.

Para o profissional contábil, muda a sua postura dentro do setor público e a sua importância. No caso do Exército, o contador é um guia das OMs, tanto que EB tem OMs voltadas a Contabilidade, a chamada IFCEx (espalhadas por várias regiões do Brasil), e que passaram a ter um papel ainda mais importante, pois muitos dentro das OMs não são da área contábil, eles são intendentes, e até das armas de combate que exercem funções administrativas nos setores de Tesouraria, SALC e Patrimônio, observação essa constatada quando fiz a minha monografia de graduação e a atualmente de pós-graduação dentro de Batalhões do Exército. Sem o contador o seu trabalho passa ser inviável e agora com essa importante transição, o contador passa ser o líder de todo esse processo. É o profissional que tem muito a colaborar com a transparência, visto que o mesmo está acostumado a trabalhar, interpretar, enfim, a controlar o patrimônio das entidades.

A nova **Contabilidade Pública** esta ai batendo a porta e não esta mais pedindo para entrar, ele já vai entrando. Para todos que concorrerão a especialidade de Contador em 2013/2014 para EsFCEx, mais do que nunca devem estar qualificados para essa nova contabilidade, pois os aprovados serão os lideres de todo esse processo. Não devem ter noções básicas e até intermediárias para passar, deve ter um nível muito maior do que isso, um nível de excelência. Visto que o Exército espera que o futuro Oficial Contador que passar a incorporar-se as suas fileiras, não faça um papel de líder básico e sim de Líder de Excelência, pois o Exército nunca espera menos dos seus militares.

Quanto às noções preliminares do que vem com essa nova contabilidade é isso. Posteriormente terão artigos apresentando cada MCASP, em todos os seus volumes.

O patrimônio público e o Plano de contas aplicados ao setor público

Denominam-se **bens públicos** todos aqueles que pertencem às pessoas jurídicas de Direito Público, ou seja, União, Distrito Federal, Municípios, Autarquias e Fundações Públicas.

Os Bens públicos classificam-se em federais, estaduais ou municipais, conforme a entidade política a que pertençam ou de acordo com a órbita do interesse do bem.

- São **bens públicos federais** os que atualmente lhe pertencem e os que vierem a ser atribuídos; as terras devolutas; os lagos, rios e correntes de água em terrenos de seu domínio, ou que banhem mais de um Estado ou sirvam de limites com outros países, bem como os terrenos marginais e as praias fluviais; as ilhas fluviais; as praias marítimas ; as ilhas oceânicas e costeiras; os recursos naturais da plataforma continental; o mar territorial e os terrenos de marinha e seus acrescidos; os potenciais de energia hidráulica e os recursos minerais, inclusive os do subsolo; as cavernas e sítios arqueológicos.

- São **bens públicos estaduais** as águas superficiais ou subterrâneas, fluentes, emergentes e em depósito, ressalvadas as decorrentes de obras da União; as áreas, nas ilhas oceânicas e costeiras, que estiverem em seu domínio; as ilhas fluviais e lacustres não pertencentes à União; as terras devolutas não compreendidas entre as da União.

- São **bens municipais** os que atualmente lhe pertencem e os que vierem a ser atribuídos; ruas praças e áreas dominiais.

O Código Civil de 2002 divide os bens públicos, segundo à sua destinação, em três categorias: **Bens de uso comum** do povo ou de Domínio Público, **Bens de uso especial** ou do Patrimônio Administrativo Indisponível e **Bens dominicais** ou do Patrimônio Disponível.

- Os **bens de uso comum do povo ou de Domínio Público** são os bens que se destinam à utilização geral pela coletividade (como por exemplo, ruas e estradas).

- Os **bens de uso especial ou do Patrimônio Administrativo Indisponível** são aqueles bens que destinam-se à execução dos serviços administrativos e serviços públicos em geral (como por exemplo, um prédio onde esteja instalado um hospital público ou uma escola pública).

- Os **bens dominicais ou do Patrimônio Disponível** são aqueles que, apesar de constituírem o patrimônio público, não possuem uma destinação pública determinada ou um fim administrativo específico (por exemplo, prédios públicos desativados).

A Afetação de um bem público ocorre quando o bem está sendo utilizado para um fim público determinado , seja diretamente pelo Estado, seja pelo uso de particulares em geral. A afetação poderá se dar de modo explícito (mediante lei) ou de modo implícito (não determinado por lei). Os bens de uso comum e os bens de uso especial são bens afetados.

A desafetação é a mudança da forma de destinação do bem, ou seja, se deixa de utilizar o bem para que se possa dar à ele outra finalidade. Esta é feita mediante autorização legislativa, através de lei específica. A desafetação possibilita à Administração pública a alienação do bem, através de licitação, nas modalidades de Concorrência ou Leilão.

Os bens públicos se caracterizam pela sua Inalienabilidade (os bens públicos não podem ser alienados. Porém esta característica é relativa, pois nada impede a alienação de bens desafetados); Pela Imprescritibilidade (os bens públicos não são passíveis de prescrição – usucapião); Pela Impenhorabilidade (os bens públicos não estão sujeitos a serem utilizados para satisfação do credor na hipótese de não – cumprimento da obrigação por parte do Poder Público); Pela não – oneração (os bens públicos não podem ser gravados com direito real de garantia em favor de terceiros). Estas características visam garantir o princípio da continuidade de prestação dos serviços públicos, pois estes atendem necessidades coletivas fundamentais.

Plano de contas aplicados ao setor público

Principais procedimentos contábeis na adoção do novo plano de contas aplicado ao setor público

O ano de 2013 serviu de laboratório para os entes públicos, contadores, gestores, consultores, empresas prestadoras de serviço em sistemas informatizados, técnicos dos Tribunais de Contas, professores e todos os que atuam no segmento contábil voltado ao setor público, no sentido de identificar os principais problemas decorrentes do processo de implantação do novo Plano de Contas Aplicado ao Setor Público (PCASP), com vistas a sanar eventuais não conformidades até 2014, exercício em que a sua adoção torna-se obrigatória. Dessa forma, fazem-se pertinentes algumas observações, ainda que não esgotem o assunto, posto que são básicas, sobre esse processo de implantação do novo plano na prática.

Como todo processo natural de mudança, os erros são inevitáveis, por isso é necessário persistência e vigilância, principalmente nos primeiros meses da adoção do novo plano de contas. Como se trata de mudança de plano e de critérios contábeis, o primeiro procedimento é o levantamento de um balanço de abertura do exercício, em janeiro do ano da adoção do novo plano, e não apenas transferências de saldos do exercício anterior. Ou seja, é um trabalho manual feito pelo responsável pela Contabilidade.

Esse balanço de abertura deve estar acompanhado de notas explicativas com as principais alterações de critérios e contas envolvidas, e não deve afetar a movimentação do mês de janeiro do ano de sua implantação.

O saldo patrimonial do ano anterior ao da implantação, em regra, será igual ao patrimônio líquido do balanço de abertura do exercício, ressalvados os valores de restos a pagar não processados, pois, pela adoção do regime contábil da competência, deixam de integrar o passivo e passam a integrar apenas as contas de controle de restos a pagar nos grupos 5.3 e 6.3 do novo plano.

Pode acontecer, no entanto, que o inventário patrimonial para o balanço de abertura aponte para o registro de contas existentes no novo plano e não existentes no plano do exercício anterior. Essa situação, que ocasionará alterações no patrimônio líquido, trazendo diferença em relação ao saldo anterior, igualmente deve ficar evidenciada nas notas explicativas.

Cuidado especial deve ser dado às funções das novas contas. Não se pode, por exemplo, implantar saldos de restos a pagar processados do exercício anterior sem especificar a origem de cada conta, pois, no PCASP, as contas de passivo que se referem a restos processados são identificadas conforme a sua origem de pessoal, fornecedores, e assim por diante.

A adoção de "de/para" do plano anterior para o novo não é sempre possível, pois muitas contas do plano anterior não possuem correspondência no PCASP, assim como contas do novo PCASP não existiam no plano anterior, sendo necessária a implantação de saldos. Assim, a adoção de "de/para" é útil para as contas previstas no plano anterior que possuam correspondência no novo plano, mas inócuo no caso de contas novas incorporadas no novo plano ou contas que existiam no plano anterior e que não mais existem no novo plano.

Por isso, é preciso inventário dos saldos patrimoniais conforme o novo plano de contas para o registro do balanço de abertura do exercício.

Como exemplo, pode-se citar os ativos intangíveis que passam a integrar o ativo não circulante.

O balanço inicial deve ser transcrito no diário de cada entidade separadamente, ou seja, no diário da entidade contábil legislativo, executivo, administração direta, e cada entidade da administração indireta.

Os restos a pagar processados e não processados merecem atenção especial na implantação de saldos para o novo PCASP. Os valores devem ser inventariados e inscritos, respectivamente, nos grupos 5.3 e 6.3 do plano.

É importante lembrar as palavras do Prof. José Olavo do Nascimento, no sentido de que é possível existir inventário sem balanço, mas jamais balanço sem inventário. Essas palavras também são válidas para o balanço de abertura para a implantação do PCASP.

Outro exemplo de cuidado que se deve ter na implantação de saldos diz respeito aos valores vinculados em conta corrente bancária. Na implantação dos saldos, assim como na escrituração, o somatório dos saldos das contas 82111 – Disponibilidade de Recursos, 82112 – Disponibilidade Comprometida por Empenho e 82113 – Disponibilidade Comprometida por Liquidação e Entradas Compensatórias deve ser igual ao somatório da conta de Caixa e Equivalente de Caixa, mais os créditos de natureza financeira do Ativo.

A adoção do PCASP pressupõe, para a entidade que o adotar, o início da vigência da Portaria n 548 da Secretaria do Tesouro Nacional, nos termos do seu art. 12. Por conseqüência, todos os requisitos de operacionalização do sistema informatizado, previstos na portaria, entram em vigor com a adoção do PCASP. Destaca-se, também, nessa portaria, a rotina de encerramentos mensais na contabilidade e levantamento de balancetes de saldos contábeis.

Esse procedimento é muito salutar, pois fará com que o encerramento e as conferências dos balancetes mensais sejam um novo hábito na contabilidade do setor público. É muito mais fácil identificar e corrigir um erro contábil com a movimentação de um mês do que de um exercício.

Nesse procedimento de conferência mensal, a entidade contábil deve atentar para algumas regras básicas na escrituração, como, por exemplo, os saldos conforme a natureza das contas do ativo e do passivo (devedores ou credores), movimentação a débito igual à movimentação a crédito, bem como igualdade entre os saldos dos grupos de contas, tais como o grupo 5 igual ao 6, 5.1 igual ao 6.1, 5.1.2 igual ao 6.1.2, 5.2 igual ao 6.2, 5.2.1 igual ao 6.2.1, 5.2.2 igual ao 6.2.2, 5.2.2.1.3 igual a "zero", 5.2.2.9 igual ao 6.2.2.9, 5.3 igual ao 6.3, 5.3.1 igual ao 6.3.1, 5.3.2 igual ao 6.3.2, 7 igual ao 8, 7.1 igual ao 8.1, 7.2.1 igual ao 8.2.1, 7.2.2 igual ao 8.2.2.

A adoção do novo plano, além de novos procedimentos técnicos, requer a adoção de nova rotina contábil e também a revisão dos processos de informações para fazer com que as diversas movimentações econômico-financeiras cheguem à Contabilidade para registro. Por consequência, nos levará a repensar a atual estrutura de Contabilidade dos órgãos públicos diante das atuais demandas.

Capítulo 7. Demonstrações contábeis conforme a Lei 4.320/64 e suas alterações

LEI 4.320, DE 17 DE MARÇO DE 1964

DOU de 23.3.1964, retificada no DOU de 9.4.1964 e retificada no DOU de 3.6.1964.

Estatui Normas Gerais de Direito Financeiro para elaboração e contrôle dos orçamentos e balanços da União, dos Estados, dos Municípios e do Distrito Federal.

Faço saber que o Congresso Nacional decreta e eu sanciono a seguinte Lei;

DISPOSIÇÃO PRELIMINAR

Art. 1º Esta lei estatui normas gerais de direito financeiro para elaboração e contrôle dos orçamentos e balanços da União, dos Estados, dos Municípios e do Distrito Federal, de acôrdo com o disposto no art. 5º, inciso XV, letra b, da Constituição Federal.

TÍTULO I

Da Lei de Orçamento

CAPÍTULO I

Disposições Gerais

Art. 2° A Lei do Orçamento conterá a discriminação da receita e despesa de forma a evidenciar a política econômica financeira e o programa de trabalho do Govêrno, obedecidos os princípios de unidade universalidade e anualidade.

§ 1° Integrarão a Lei de Orçamento:

I - Sumário geral da receita por fontes e da despesa por funções do Govêrno;

II - Quadro demonstrativo da Receita e Despesa segundo as Categorias Econômicas, na forma do Anexo nº. 1;

III - Quadro discriminativo da receita por fontes e respectiva legislação;

IV - Quadro das dotações por órgãos do Govêrno e da Administração.

§ 2º Acompanharão a Lei de Orçamento:

I - Quadros demonstrativos da receita e planos de aplicação dos fundos especiais;

II - Quadros demonstrativos da despesa, na forma dos Anexos ns. 6 a 9;

III - Quadro demonstrativo do programa anual de trabalho do Govêrno, em têrmos de realização de obras e de prestação de serviços.

Art. 3º A Lei de Orçamentos compreenderá tôdas as receitas, inclusive as de operações de crédito autorizadas em lei.

Parágrafo único. Não se consideram para os fins deste artigo as operações de credito por antecipação da receita, as emissões de papel-moeda e outras entradas compensatórias, no ativo e passivo financeiros .

Art. 4º A Lei de Orçamento compreenderá tôdas as despesas próprias dos órgãos do Govêrno e da administração centralizada, ou que, por intermédio dêles se devam realizar, observado o disposto no artigo 2°.

Art. 5º A Lei de Orçamento não consignará dotações globais destinadas a atender indiferentemente a despesas de pessoal, material, serviços de terceiros, transferências ou quaisquer outras, ressalvado o disposto no artigo 20 e seu parágrafo único.

Art. 6º Tôdas as receitas e despesas constarão da Lei de Orçamento pelos seus totais, vedadas quaisquer deduções.

§ 1º As cotas de receitas que uma entidade pública deva transferir a outra incluir-se-ão, como despesa, no orçamento da entidade obrigada a transferência e, como receita, no orçamento da que as deva receber.

§ 2º Para cumprimento do disposto no parágrafo anterior, o calculo das cotas terá por base os dados apurados no balanço do exercício anterior aquele em que se elaborar a proposta orçamentária do governo obrigado a transferência.

Art. 7° A Lei de Orçamento poderá conter autorização ao Executivo para:

I - Abrir créditos suplementares até determinada importância obedecidas as disposições do artigo 43;

II - Realizar em qualquer mês do exercício financeiro, operações de crédito por antecipação da receita, para atender a insuficiências de caixa.

§ 1º Em casos de déficit, a Lei de Orçamento indicará as fontes de recursos que o Poder Executivo fica autorizado a utilizar para atender a sua cobertura.

§ 2° O produto estimado de operações de crédito e de alienação de bens imóveis somente se incluirá na receita quando umas e outras forem especificamente autorizadas pelo Poder Legislativo em forma que juridicamente possibilite ao Poder Executivo realizá-las no exercício.

§ 3º A autorização legislativa a que se refere o parágrafo anterior, no tocante a operações de crédito, poderá constar da própria Lei de Orçamento.

Art. 8º A discriminação da receita geral e da despesa de cada órgão do Govêrno ou unidade administrativa, a que se refere o artigo 2º, § 1º, incisos III e IV obedecerá à forma do Anexo n. 2.

§ 1º Os itens da discriminação da receita e da despesa, mencionados nos artigos 11, § 4º, e 13, serão identificados por números de códigos decimal, na forma dos Anexos ns. 3 e 4.

§ 2º Completarão os números do código decimal referido no parágrafo anterior os algarismos caracterizadores da classificação funcional da despesa, conforme estabelece o Anexo n. 5.

§ 3º O código geral estabelecido nesta lei não prejudicará a adoção de códigos locais.

CAPÍTULO II

Da Receita

Art. 9º Tributo e a receita derivada instituída pelas entidades de direito publico, compreendendo os impostos, as taxas e contribuições nos termos da constituição e das leis vigentes em matéria financeira, destinado-se o seu produto ao custeio de atividades gerais ou especificas exercidas por essas entidades

Art. 10. (Vetado).

Art. 11 - A receita classificar-se-á nas seguintes categorias econômicas: Receitas Correntes e Receitas de Capital. (Redação dada pelo Decreto Lei nº 1.939, de 20.5.1982)

§ 1º - São Receitas Correntes as receitas tributária, de contribuições, patrimonial, agropecuária, industrial, de serviços e outras e, ainda, as provenientes de recursos financeiros recebidos de outras pessoas de direito público ou privado, quando destinadas a atender despesas classificáveis em Despesas Correntes. (Redação dada pelo Decreto Lei nº 1.939, de 20.5.1982)

§ 2º - São Receitas de Capital as provenientes da realização de recursos financeiros oriundos de constituição de dívidas; da conversão, em espécie, de bens e direitos; os recursos recebidos de outras pessoas de direito público ou privado, destinados a atender despesas classificáveis em Despesas de Capital e, ainda, o superávit do Orçamento Corrente. (Redação dada pelo Decreto Lei nº 1.939, de 20.5.1982)

§ 3º - O superávit do Orçamento Corrente resultante do balanceamento dos totais das receitas e despesas correntes, apurado na demonstração a que se refere o Anexo nº 1, não constituirá item de receita orçamentária. (Redação dada pelo Decreto Lei nº 1.939, de 20.5.1982)

§ 4º - A classificação da receita obedecerá ao seguinte esquema: (Redação dada pelo Decreto Lei nº 1.939, de 20.5.1982)

RECEITAS CORRENTES

RECEITA TRIBUTÁRIA

Impostos

Taxas

Contribuições de Melhoria

RECEITA DE CONTRIBUIÇOES

RECEITA PATRIMONIAL

RECEITA AGROPECUÁRIA

RECEITA INDUSTRIAL

RECEITA DE SERVIÇOS

TRANSFERÊNCIAS CORRENTES

OUTRAS RECEITAS CORRENTES

RECEITAS DE CAPITAL

OPERAÇÕES DE CRÉDITO

ALIENAÇÃO DE BENS

AMORTIZAÇÃO DE EMPRÉSTIMOS

TRANSFERÊNCIAS DE CAPITAL

OUTRAS RECEITAS DE CAPITAL

CAPÍTULO III

Da Despesa

Art. 12. A despesa será classificada nas seguintes categorias econômicas: (Vide Decreto-lei nº 1.805, de 1980)

DESPESAS CORRENTES

Despesas de Custeio
Transferências Correntes

DESPESAS DE CAPITAL

Investimentos
Inversões Financeiras
Transferências de Capital

§ 1º Classificam-se como Despesas de Custeio as dotações para manutenção de serviços anteriormente criados, inclusive as destinadas a atender a obras de conservação e adaptação de bens imóveis.

§ 2º Classificam-se como Transferências Correntes as dotações para despesas as quais não corresponda contraprestação direta em bens ou serviços, inclusive para contribuições e subvenções destinadas a atender à manifestação de outras entidades de direito público ou privado.

§ 3º Consideram-se subvenções, para os efeitos desta lei, as transferências destinadas a cobrir despesas de custeio das entidades beneficiadas, distinguindo-se como:

I - subvenções sociais, as que se destinem a instituições públicas ou privadas de caráter assistencial ou cultural, sem finalidade lucrativa;

II - subvenções econômicas, as que se destinem a emprêsas públicas ou privadas de caráter industrial, comercial, agrícola ou pastoril.

§ 4º Classificam-se como investimentos as dotações para o planejamento e a execução de obras, inclusive as destinadas à aquisição de imóveis considerados necessários à realização destas últimas, bem como para os programas especiais de trabalho, aquisição de instalações, equipamentos e material permanente e constituição ou aumento do capital de emprêsas que não sejam de caráter comercial ou financeiro.

§ 5º Classificam-se como Inversões Financeiras as dotações destinadas a:

I - aquisição de imóveis, ou de bens de capital já em utilização;

II - aquisição de títulos representativos do capital de emprêsas ou entidades de qualquer espécie, já constituídas, quando a operação não importe aumento do capital;

III - constituição ou aumento do capital de entidades ou emprêsas que visem a objetivos comerciais ou financeiros, inclusive operações bancárias ou de seguros.

§ 6º São Transferências de Capital as dotações para investimentos ou inversões financeiras que outras pessoas de direito público ou privado devam realizar, independentemente de contraprestação direta em bens ou serviços, constituindo essas transferências auxílios ou contribuições, segundo derivem diretamente da Lei de Orçamento ou de lei especialmente anterior, bem como as dotações para amortização da dívida pública.

Art. 13. Observadas as categorias econômicas do art. 12, a discriminação ou especificação da despesa por elementos, em cada unidade administrativa ou órgão de govêrno, obedecerá ao seguinte esquema:

DESPESAS CORRENTES

Despesas de Custeio

Pessoa Civil
Pessoal Militar
Material de Consumo
Serviços de Terceiros
Encargos Diversos

Transferências Correntes

Subvenções Sociais
Subvenções Econômicas
Inativos
Pensionistas
Salário Família e Abono Familiar
Juros da Dívida Pública
Contribuições de Previdência Social
Diversas Transferências Correntes.

DESPESAS DE CAPITAL

Investimentos

Obras Públicas
Serviços em Regime de Programação Especial
Equipamentos e Instalações
Material Permanente
Participação em Constituição ou Aumento de Capital de Emprêsas ou Entidades Industriais ou Agrícolas

Inversões Financeiras

Aquisição de Imóveis
Participação em Constituição ou Aumento de Capital de Emprêsas ou Entidades Comerciais ou Financeiras
Aquisição de Títulos Representativos de Capital de Emprêsa em Funcionamento
Constituição de Fundos Rotativos
Concessão de Empréstimos
Diversas Inversões Financeiras

Transferências de Capital

Amortização da Dívida Pública
Auxílios para Obras Públicas
Auxílios para Equipamentos e Instalações
Auxílios para Inversões Financeiras
Outras Contribuições.

Art. 14. Constitui unidade orçamentária o agrupamento de serviços subordinados ao mesmo órgão ou repartição a que serão consignadas dotações próprias.

Parágrafo único. Em casos excepcionais, serão consignadas dotações a unidades administrativas subordinadas ao mesmo órgão.

Art. 15. Na Lei de Orçamento a discriminação da despesa far-se-á no mínimo por elementos.

§ 1º Entende-se por elementos o desdobramento da despesa com pessoal, material, serviços, obras e outros meios de que se serve a administração publica para consecução dos seus fins.

§ 2º Para efeito de classificação da despesa, considera-se material permanente o de duração superior a dois anos.

SEÇÃO I

Das Despesas Correntes

SUBSEÇÃO ÚNICA

Das Transferências Correntes

I) Das Subvenções Sociais

Art. 16. Fundamentalmente e nos limites das possibilidades financeiras a concessão de subvenções sociais visará a prestação de serviços essenciais de assistência social, médica e educacional, sempre que a suplementação de recursos de origem privada aplicados a êsses objetivos, revelar-se mais econômica.

Parágrafo único. O valor das subvenções, sempre que possível, será calculado com base em unidades de serviços efetivamente prestados ou postos à disposição dos interessados obedecidos os padrões mínimos de eficiência prèviamente fixados.

Art. 17. Somente à instituição cujas condições de funcionamento forem julgadas satisfatórias pelos órgãos oficiais de fiscalização serão concedidas subvenções.

II) Das Subvenções Econômicas

Art. 18. A cobertura dos déficits de manutenção das emprêsas públicas, de natureza autárquica ou não, far-se-á mediante subvenções econômicas expressamente incluídas nas despesas correntes do orçamento da União, do Estado, do Município ou do Distrito Federal.

Parágrafo único. Consideram-se, igualmente, como subvenções econômicas:

a) as dotações destinadas a cobrir a diferença entre os preços de mercado e os preços de revenda, pelo Govêrno, de gêneros alimentícios ou outros materiais;

b) as dotações destinadas ao pagamento de bonificações a produtores de determinados gêneros ou materiais.

Art. 19. A Lei de Orçamento não consignará ajuda financeira, a qualquer título, a emprêsa de fins lucrativos, salvo quando se tratar de subvenções cuja concessão tenha sido expressamente autorizada em lei especial.

SEÇÃO II

Das Despesas de Capital

SUBSEÇÃO PRIMEIRA

Dos Investimentos

Art. 20. Os investimentos serão discriminados na Lei de Orçamento segundo os projetos de obras e de outras aplicações.

Parágrafo único. Os programas especiais de trabalho que, por sua natureza, não possam cumprir-se subordinadamente às normas gerais de execução da despesa poderão ser custeadas por dotações globais, classificadas entre as Despesas de Capital.

SUBSEÇÃO SEGUNDA

Das Transferências de Capital

Art. 21. A Lei de Orçamento não consignará auxílio para investimentos que se devam incorporar ao patrimônio das emprêsas privadas de fins lucrativos.

Parágrafo único. O disposto neste artigo aplica-se às transferências de capital à conta de fundos especiais ou dotações sob regime excepcional de aplicação.

TÍTULO II

Da Proposta Orcamentária

CAPÍTULO I

Conteúdo e Forma da Proposta Orçamentária

Art. 22. A proposta orçamentária que o Poder Executivo encaminhará ao Poder Legislativo nos prazos estabelecidos nas Constituições e nas Leis Orgânicas dos Municípios, compor-se-á:

I - Mensagem, que conterá: exposição circunstanciada da situação econômico-financeira, documentada com demonstração da dívida fundada e flutuante, saldos de créditos especiais, restos a pagar e outros compromissos financeiros exigíveis; exposição e justificação da política econômica-financeira do Govêrno; justificação da receita e despesa, particularmente no tocante ao orçamento de capital;

II - Projeto de Lei de Orçamento;

III - Tabelas explicativas, das quais, além das estimativas de receita e despesa, constarão, em colunas distintas e para fins de comparação:

a) A receita arrecadada nos três últimos exercícios anteriores àquele em que se elaborou a proposta;

b) A receita prevista para o exercício em que se elabora a proposta;

c) A receita prevista para o exercício a que se refere a proposta;

d) A despesa realizada no exercício imediatamente anterior;

e) A despesa fixada para o exercício em que se elabora a proposta; e

f) A despesa prevista para o exercício a que se refere a proposta.

IV - Especificação dos programas especiais de trabalho custeados por dotações globais, em têrmos de metas visadas, decompostas em estimativa do custo das obras a realizar e dos serviços a prestar, acompanhadas de justificação econômica, financeira, social e administrativa.

Parágrafo único. Constará da proposta orçamentária, para cada unidade administrativa, descrição sucinta de suas principais finalidades, com indicação da respectiva legislação.

CAPÍTULO II

Da Elaboração da Proposta Orçamentária

SEÇÃO PRIMEIRA

Das Previsões Plurienais

Art. 23. As receitas e despesas de capital serão objeto de um Quadro de Recursos e de Aplicação de Capital, aprovado por decreto do Poder Executivo, abrangendo, no mínimo um triênio.

Parágrafo único. O Quadro de Recursos e de Aplicação de Capital será anualmente reajustado acrescentando-se-lhe as previsões de mais um ano, de modo a assegurar a projeção contínua dos períodos.

Art. 24. O Quadro de Recursos e de Aplicação de Capital abrangerá:

I - as despesas e, como couber, também as receitas previstas em planos especiais aprovados em lei e destinados a atender a regiões ou a setores da administração ou da economia;

II - as despesas à conta de fundos especiais e, como couber, as receitas que os constituam;

III - em anexos, as despesas de capital das entidades referidas no Título X desta lei, com indicação das respectivas receitas, para as quais forem previstas transferências de capital.

Art. 25. Os programas constantes do Quadro de Recursos e de Aplicação de Capital sempre que possível serão correlacionados a metas objetivas em têrmos de realização de obras e de prestação de serviços.

Parágrafo único. Consideram-se metas os resultados que se pretendem obter com a realização de cada programa.

Art. 26. A proposta orçamentária conterá o programa anual atualizado dos investimentos, inversões financeiras e transferências previstos no Quadro de Recursos e de Aplicação de Capital.

SEÇÃO SEGUNDA

Das Previsões Anuais

Art. 27. As propostas parciais de orçamento guardarão estrita conformidade com a política econômica-financeira, o programa anual de trabalho do Govêrno e, quando fixado, o limite global máximo para o orçamento de cada unidade administrativa.

Art. 28 As propostas parciais das unidades administrativas, organizadas em formulário próprio, serão acompanhadas de:

I - tabelas explicativas da despesa, sob a forma estabelecida no artigo 22, inciso III, letras d, e e f;

II - justificação pormenorizada de cada dotação solicitada, com a indicação dos atos de aprovação de projetos e orçamentos de obras públicas, para cujo início ou prosseguimento ela se destina.

Art. 29. Caberá aos órgãos de contabilidade ou de arrecadação organizar demonstrações mensais da receita arrecadada, segundo as rubricas, para servirem de base a estimativa da receita, na proposta orçamentária.

Parágrafo único. Quando houver órgão central de orçamento, essas demonstrações ser-lhe-ão remetidas mensalmente.

Art. 30. A estimativa da receita terá por base as demonstrações a que se refere o artigo anterior à arrecadação dos três últimos exercícios, pelo menos bem como as circunstâncias de ordem conjuntural e outras, que possam afetar a produtividade de cada fonte de receita.

Art. 31. As propostas orçamentárias parciais serão revistas e coordenadas na proposta geral, considerando-se a receita estimada e as novas circunstâncias.

TÍTULO III

Da elaboração da Lei de Orçamento

Art. 32. Se não receber a proposta orçamentária no prazo fixado nas Constituições ou nas Leis Orgânicas dos Municípios, o Poder Legislativo considerará como proposta a Lei de Orçamento vigente.

Art. 33. Não se admitirão emendas ao projeto de Lei de Orçamento que visem a:

a) alterar a dotação solicitada para despesa de custeio, salvo quando provada, nesse ponto a inexatidão da proposta;

b) conceder dotação para o início de obra cujo projeto não esteja aprovado pelos órgãos competentes;

c) conceder dotação para instalação ou funcionamento de serviço que não esteja anteriormente criado;

d) conceder dotação superior aos quantitativos prèviamente fixados em resolução do Poder Legislativo para concessão de auxílios e subvenções.

TÍTULO IV

Do Exercício Financeiro

Art. 34. O exercício financeiro coincidirá com o ano civil.

Art. 35. Pertencem ao exercício financeiro:

I - as receitas nêle arrecadadas;

II - as despesas nêle legalmente empenhadas.

Art. 36. Consideram-se Restos a Pagar as despesas empenhadas mas não pagas até o dia 31 de dezembro distinguindo-se as processadas das não processadas.

Parágrafo único. Os empenhos que sorvem a conta de créditos com vigência plurienal, que não tenham sido liquidados, só serão computados como Restos a Pagar no último ano de vigência do crédito.

Art. 37. As despesas de exercícios encerrados, para as quais o orçamento respectivo consignava crédito próprio, com saldo suficiente para atendê-las, que não se tenham processado na época própria, bem como os Restos a Pagar com prescrição interrompida e os compromissos reconhecidos após o encerramento do exercício correspondente poderão ser pagos à conta de dotação específica consignada no orçamento, discriminada por elementos, obedecida, sempre que possível, a ordem cronológica.

Art. 38. Reverte à dotação a importância de despesa anulada no exercício, quando a anulação ocorrer após o encerramento dêste considerar-se-á receita do ano em que se efetivar.

Art. 39. Os créditos da Fazenda Pública, de natureza tributária ou não tributária, serão escriturados como receita do exercício em que forem arrecadados, nas respectivas rubricas orçamentárias. (Redação dada pelo Decreto Lei nº 1.735, de 20.12.1979)

§ 1º - Os créditos de que trata este artigo, exigíveis pelo transcurso do prazo para pagamento, serão inscritos, na forma da legislação própria, como Dívida Ativa, em registro próprio, após apurada a sua liquidez e certeza, e a respectiva receita será escriturada a esse título. (Incluído pelo Decreto Lei nº 1.735, de 20.12.1979)

§ 2º - Dívida Ativa Tributária é o crédito da Fazenda Pública dessa natureza, proveniente de obrigação legal relativa a tributos e respectivos adicionais e multas, e Dívida Ativa não Tributária são os demais créditos da Fazenda Pública, tais como os provenientes de empréstimos compulsórios, contribuições estabelecidas em lei, multa de qualquer origem ou natureza, exceto as tributárias, foros, laudêmios, alugueis ou taxas de ocupação, custas processuais, preços de serviços prestados por estabelecimentos públicos, indenizações, reposições, restituições, alcances dos responsáveis definitivamente julgados, bem assim os créditos decorrentes de obrigações em moeda estrangeira, de subrogação de hipoteca, fiança, aval ou outra garantia, de contratos em geral ou de outras obrigações legais. (Incluído pelo Decreto Lei nº 1.735, de 20.12.1979)

§ 3º - O valor do crédito da Fazenda Nacional em moeda estrangeira será convertido ao correspondente valor na moeda nacional à taxa cambial oficial, para compra, na data da notificação ou intimação do devedor, pela autoridade administrativa, ou, à sua falta, na data da inscrição da Dívida Ativa, incidindo, a partir da conversão, a atualização monetária e os juros de mora, de acordo com preceitos legais pertinentes aos débitos tributários. (Incluído pelo Decreto Lei nº 1.735, de 20.12.1979)

§ 4º - A receita da Dívida Ativa abrange os créditos mencionados nos parágrafos anteriores, bem como os valores correspondentes à respectiva atualização monetária, à multa e juros de mora e ao encargo de que tratam o art. 1º do Decreto-lei nº 1.025, de 21 de outubro de 1969, e o art. 3º do Decreto-lei nº 1.645, de 11 de dezembro de 1978. (Incluído pelo Decreto Lei nº 1.735, de 20.12.1979)

§ 5º - A Dívida Ativa da União será apurada e inscrita na Procuradoria da Fazenda Nacional. (Incluído pelo Decreto Lei nº 1.735, de 20.12.1979)

TÍTULO V

Dos Créditos Adicionais

Art. 40. São créditos adicionais, as autorizações de despesa não computadas ou insuficientemente dotadas na Lei de Orçamento.

Art. 41. Os créditos adicionais classificam-se em:

I - suplementares, os destinados a refôrço de dotação orçamentária;

II - especiais, os destinados a despesas para as quais não haja dotação orçamentária específica;

III - extraordinários, os destinados a despesas urgentes e imprevistas, em caso de guerra, comoção intestina ou calamidade pública.

Art. 42. Os créditos suplementares e especiais serão autorizados por lei e abertos por decreto executivo.

Art. 43. A abertura dos créditos suplementares e especiais depende da existência de recursos disponíveis para ocorrer a despesa e será precedida de exposição justificativa.

§ 1º Consideram-se recursos para o fim deste artigo, desde que não comprometidos:

I - o superávit financeiro apurado em balanço patrimonial do exercício anterior;

II - os provenientes de excesso de arrecadação;

III - os resultantes de anulação parcial ou total de dotações orçamentárias ou de créditos adicionais, autorizados em Lei;

IV - o produto de operações de credito autorizadas, em forma que juridicamente possibilite ao poder executivo realiza-las.

§ 2º Entende-se por superávit financeiro a diferença positiva entre o ativo financeiro e o passivo financeiro, conjugando-se, ainda, os saldos dos créditos adicionais transferidos e as operações de credito a eles vinculadas.

§ 3º Entende-se por excesso de arrecadação, para os fins deste artigo, o saldo positivo das diferenças acumuladas mês a mês entre a arrecadação prevista e a realizada, considerando-se, ainda, a tendência do exercício.

§ 4º Para o fim de apurar os recursos utilizáveis, provenientes de excesso de arrecadação, deduzir-se-a a importância dos créditos extraordinários abertos no exercício.

Art. 44. Os créditos extraordinários serão abertos por decreto do Poder Executivo, que dêles dará imediato conhecimento ao Poder Legislativo.

Art. 45. Os créditos adicionais terão vigência adstrita ao exercício financeiro em que forem abertos, salvo expressa disposição legal em contrário, quanto aos especiais e extraordinários.

Art. 46. O ato que abrir crédito adicional indicará a importância, a espécie do mesmo e a classificação da despesa, até onde fôr possível.

TÍTULO VI

Da Execução do Orçamento

CAPÍTULO I

Da Programação da Despesa

Art. 47. Imediatamente após a promulgação da Lei de Orçamento e com base nos limites nela fixados, o Poder Executivo aprovará um quadro de cotas trimestrais da despesa que cada unidade orçamentária fica autorizada a utilizar.

Art. 48 A fixação das cotas a que se refere o artigo anterior atenderá aos seguintes objetivos:

a) assegurar às unidades orçamentárias, em tempo útil a soma de recursos necessários e suficientes a melhor execução do seu programa anual de trabalho;

b) manter, durante o exercício, na medida do possível o equilíbrio entre a receita arrecadada e a despesa realizada, de modo a reduzir ao mínimo eventuais insuficiências de tesouraria.

Art. 49. A programação da despesa orçamentária, para feito do disposto no artigo anterior, levará em conta os créditos adicionais e as operações extra-orçamentárias.

Art. 50. As cotas trimestrais poderão ser alteradas durante o exercício, observados o limite da dotação e o comportamento da execução orçamentária.

CAPÍTULO II

Da Receita

Art. 51. Nenhum tributo será exigido ou aumentado sem que a lei o estabeleça, nenhum será cobrado em cada exercício sem prévia autorização orçamentária, ressalvados a tarifa aduaneira e o impôsto lançado por motivo de guerra.

Art. 52. São objeto de lançamento os impostos diretos e quaisquer outras rendas com vencimento determinado em lei, regulamento ou contrato.

Art. 53. O lançamento da receita, o ato da repartição competente, que verifica a procedência do crédito fiscal e a pessoa que lhe é devedora e inscreve o débito desta.

Art. 54. Não será admitida a compensação da observação de recolher rendas ou receitas com direito creditório contra a Fazenda Pública.

Art. 55. Os agentes da arrecadação devem fornecer recibos das importâncias que arrecadarem.

§ 1º Os recibos devem conter o nome da pessoa que paga a soma arrecadada, proveniência e classificação, bem como a data a assinatura do agente arrecadador.

§ 2º Os recibos serão fornecidos em uma única via.

Art. 56. O recolhimento de tôdas as receitas far-se-á em estrita observância ao princípio de unidade de tesouraria, vedada qualquer fragmentação para criação de caixas especiais.

Art. 57. Ressalvado o disposto no parágrafo único do artigo 3. desta lei serão classificadas como receita orçamentária, sob as rubricas próprias, tôdas as receitas arrecadadas, inclusive as provenientes de operações de crédito, ainda que não previstas no Orçamento.

CAPÍTULO III

Da Despesa

Art. 58. O empenho de despesa é o ato emanado de autoridade competente que cria para o Estado obrigação de pagamento pendente ou não de implemento de condição.

Art. 59 - O empenho da despesa não poderá exceder o limite dos créditos concedidos. (Redação dada pela Lei nº 6.397, de 10.12.1976)

§ 1º Ressalvado o disposto no Art. 67 da Constituição Federal, é vedado aos Municípios empenhar, no último mês do mandato do Prefeito, mais do que o duodécimo da despesa prevista no orçamento vigente. (Parágrafo incluído pela Lei nº 6.397, de 10.12.1976)

§ 2º Fica, também, vedado aos Municípios, no mesmo período, assumir, por qualquer forma, compromissos financeiros para execução depois do término do mandato do Prefeito. (Parágrafo incluído pela Lei nº 6.397, de 10.12.1976)

§ 3º As disposições dos parágrafos anteriores não se aplicam nos casos comprovados de calamidade pública. (Parágrafo incluído pela Lei nº 6.397, de 10.12.1976)

§ 4º Reputam-se nulos e de nenhum efeito os empenhos e atos praticados em desacordo com o disposto nos parágrafos 1º e 2º deste artigo, sem prejuízo da responsabilidade do Prefeito nos termos do Art. 1º, inciso V, do Decreto-lei n.º 201, de 27 de fevereiro de 1967. (Parágrafo incluído pela Lei nº 6.397, de 10.12.1976)

Art. 60. É vedada a realização de despesa sem prévio empenho.

§ 1º Em casos especiais previstos na legislação específica será dispensada a emissão da nota de empenho.

§ 2º Será feito por estimativa o empenho da despesa cujo montante não se possa determinar.

§ 3º É permitido o empenho global de despesas contratuais e outras, sujeitas a parcelamento.

Art. 61. Para cada empenho será extraído um documento denominado "nota de empenho" que indicará o nome do credor, a representação e a importância da despesa bem como a dedução desta do saldo da dotação própria.

Art. 62. O pagamento da despesa só será efetuado quando ordenado após sua regular liquidação.

Art. 63. A liquidação da despesa consiste na verificação do direito adquirido pelo credor tendo por base os títulos e documentos comprobatórios do respectivo crédito.

§ 1º Essa verificação tem por fim apurar:

I - a origem e o objeto do que se deve pagar;

II - a importância exata a pagar;

III - a quem se deve pagar a importância, para extinguir a obrigação.

§ 2º A liquidação da despesa por fornecimentos feitos ou serviços prestados terá por base:

I - o contrato, ajuste ou acôrdo respectivo;

II - a nota de empenho;

III - os comprovantes da entrega de material ou da prestação efetiva do serviço.

Art. 64. A ordem de pagamento é o despacho exarado por autoridade competente, determinando que a despesa seja paga.

Parágrafo único. A ordem de pagamento só poderá ser exarada em documentos processados pelos serviços de contabilidade

Art. 65. O pagamento da despesa será efetuado por tesouraria ou pagadoria regularmente instituídos por estabelecimentos bancários credenciados e, em casos excepcionais, por meio de adiantamento.

Art. 66. As dotações atribuídas às diversas unidades orçamentárias poderão quando expressamente determinado na Lei de Orçamento ser movimentadas por órgãos centrais de administração geral.

Parágrafo único. É permitida a redistribuição de parcelas das dotações de pessoal, de uma para outra unidade orçamentária, quando considerada indispensável à movimentação de pessoal dentro das tabelas ou quadros comuns às unidades interessadas, a que se realize em obediência à legislação específica.

Art. 67. Os pagamentos devidos pela Fazenda Pública, em virtude de sentença judiciária, far-se-ão na ordem de apresentação dos precatórios e à conta dos créditos respectivos, sendo proibida a designação de casos ou de pessoas nas dotações orçamentárias e nos créditos adicionais abertos para êsse fim.

Art. 68. O regime de adiantamento é aplicável aos casos de despesas expressamente definidos em lei e consiste na entrega de numerário a servidor, sempre precedida de empenho na dotação própria para o fim de realizar despesas, que não possam subordinar-se ao processo normal de aplicação.

Art. 69. Não se fará adiantamento a servidor em alcance nem a responsável por dois adiantamento.

Art. 70. A aquisição de material, o fornecimento e a adjudicação de obras e serviços serão regulados em lei, respeitado o princípio da concorrência.

TÍTULO VII

Dos Fundos Especiais

Art. 71. Constitui fundo especial o produto de receitas especificadas que por lei se vinculam à realização de determinados objetivos ou serviços, facultada a adoção de normas peculiares de aplicação.

Art. 72. A aplicação das receitas orçamentárias vinculadas a turnos especiais far-se-á através de dotação consignada na Lei de Orçamento ou em créditos adicionais.

Art. 73. Salvo determinação em contrário da lei que o instituiu, o saldo positivo do fundo especial apurado em balanço será transferido para o exercício seguinte, a crédito do mesmo fundo.

Art. 74. A lei que instituir fundo especial poderá determinar normas peculiares de contrôle, prestação e tomada de contas, sem de qualquer modo, elidir a competência específica do Tribunal de Contas ou órgão equivalente.

TÍTULO VIII

Do Contrôle da Execução Orçamentária

CAPÍTULO I

Disposições Gerais

Art. 75. O contrôle da execução orçamentária compreenderá:

I - a legalidade dos atos de que resultem a arrecadação da receita ou a realização da despesa, o nascimento ou a extinção de direitos e obrigações;

II - a fidelidade funcional dos agentes da administração, responsáveis por bens e valores públicos;

III - o cumprimento do programa de trabalho expresso em têrmos monetários e em têrmos de realização de obras e prestação de serviços.

CAPÍTULO II

Do Contrôle Interno

Art. 76. O Poder Executivo exercerá os três tipos de contrôle a que se refere o artigo 75, sem prejuízo das atribuições do Tribunal de Contas ou órgão equivalente.

Art. 77. A verificação da legalidade dos atos de execução orçamentária será prévia, concomitante e subseqüente.

Art. 78. Além da prestação ou tomada de contas anual, quando instituída em lei, ou por fim de gestão, poderá haver, a qualquer tempo, levantamento, prestação ou tomada de contas de todos os responsáveis por bens ou valores públicos.

Art. 79. Ao órgão incumbido da elaboração da proposta orçamentária ou a outro indicado na legislação, caberá o contrôle estabelecido no inciso III do artigo 75.

Parágrafo único. Êsse controle far-se-á, quando fôr o caso, em têrmos de unidades de medida, prèviamente estabelecidos para cada atividade.

Art. 80. Compete aos serviços de contabilidade ou órgãos equivalentes verificar a exata observância dos limites das cotas trimestrais atribuídas a cada unidade orçamentária, dentro do sistema que fôr instituído para êsse fim.

CAPÍTULO III

Do Contrôle Externo

Art. 81. O contrôle da execução orçamentária, pelo Poder Legislativo, terá por objetivo verificar a probidade da administração, a guarda e legal emprêgo dos dinheiros públicos e o cumprimento da Lei de Orçamento.

Art. 82. O Poder Executivo, anualmente, prestará contas ao Poder Legislativo, no prazo estabelecido nas Constituições ou nas Leis Orgânicas dos Municípios.

§ 1º As contas do Poder Executivo serão submetidas ao Poder Legislativo, com Parecer prévio do Tribunal de Contas ou órgão equivalente.

§ 2º Quando, no Munícipio não houver Tribunal de Contas ou órgão equivalente, a Câmara de Vereadores poderá designar peritos contadores para verificarem as contas do prefeito e sôbre elas emitirem parecer.

TÍTULO IX

Da Contabilidade

CAPÍTULO I

Disposições Gerais

Art. 83. A contabilidade evidenciará perante a Fazenda Pública a situação de todos quantos, de qualquer modo, arrecadem receitas, efetuem despesas, administrem ou guardem bens a ela pertencentes ou confiados.

Art. 84. Ressalvada a competência do Tribunal de Contas ou órgão equivalente, a tomada de contas dos agentes responsáveis por bens ou dinheiros públicos será realizada ou superintendida pelos serviços de contabilidade.

Art. 85. Os serviços de contabilidade serão organizados de forma a permitirem o acompanhamento da execução orçamentária, o conhecimento da composição patrimonial, a determinação dos custos dos serviços industriais, o levantamento dos balanços gerais, a análise e a interpretação dos resultados econômicos e financeiros.

Art. 86. A escrituração sintética das operações financeiras e patrimoniais efetuar-se-á pelo método das partidas dobradas.

Art. 87. Haverá contrôle contábil dos direitos e obrigações oriundos de ajustes ou contratos em que a administração pública fôr parte.

Art. 88. Os débitos e créditos serão escriturados com individuação do devedor ou do credor e especificação da natureza, importância e data do vencimento, quando fixada.

Art. 89. A contabilidade evidenciará os fatos ligados à administração orçamentária, financeira patrimonial e industrial.

CAPÍTULO II

Da Contabilidade Orçamentária e Financeira

Art. 90 A contabilidade deverá evidenciar, em seus registros, o montante dos créditos orçamentários vigentes, a despesa empenhada e a despesa realizada, à conta dos mesmos créditos, e as dotações disponíveis.

Art. 91. O registro contábil da receita e da despesa far-se-á de acôrdo com as especificações constantes da Lei de Orçamento e dos créditos adicionais.

Art. 92. A dívida flutuante compreende:

I - os restos a pagar, excluídos os serviços da dívida;

II - os serviços da dívida a pagar;

III - os depósitos;

IV - os débitos de tesouraria.

Parágrafo único. O registro dos restos a pagar far-se-á por exercício e por credor distinguindo-se as despesas processadas das não processadas.

Art. 93. Tôdas as operações de que resultem débitos e créditos de natureza financeira, não compreendidas na execução orçamentária, serão também objeto de registro, individuação e contrôle contábil.

CAPÍTULO III

Da Contabilidade Patrimonial e Industrial

Art. 94. Haverá registros analíticos de todos os bens de caráter permanente, com indicação dos elementos necessários para a perfeita caracterização de cada um dêles e dos agentes responsáveis pela sua guarda e administração.

Art. 95 A contabilidade manterá registros sintéticos dos bens móveis e imóveis.

Art. 96. O levantamento geral dos bens móveis e imóveis terá por base o inventário analítico de cada unidade administrativa e os elementos da escrituração sintética na contabilidade.

Art. 97. Para fins orçamentários e determinação dos devedores, ter-se-á o registro contábil das receitas patrimoniais, fiscalizando-se sua efetivação.

Art. 98. A divida fundada compreende os compromissos de exigibilidade superior a doze meses, contraídos para atender a desequilíbrio orçamentário ou a financeiro de obras e serviços públicos.

Parágrafo único. A dívida fundada será escriturada com individuação e especificações que permitam verificar, a qualquer momento, a posição dos empréstimos, bem como os respectivos serviços de amortização e juros.

Art. 99. Os serviços públicos industriais, ainda que não organizados como emprêsa pública ou autárquica, manterão contabilidade especial para determinação dos custos, ingressos e resultados, sem prejuízo da escrituração patrimonial e financeiro comum.

Art. 100 As alterações da situação líquida patrimonial, que abrangem os resultados da execução orçamentária, bem como as variações independentes dessa execução e as superveniências e insubsistência ativas e passivas, constituirão elementos da conta patrimonial.

CAPÍTULO IV

Dos Balanços

Art. 101. Os resultados gerais do exercício serão demonstrados no Balanço Orçamentário, no Balanço Financeiro, no Balanço Patrimonial, na Demonstração das Variações Patrimoniais, segundo os Anexos números 12, 13, 14 e 15 e os quadros demonstrativos constantes dos Anexos números 1, 6, 7, 8, 9, 10, 11, 16 e 17.

Art. 102. O Balanço Orçamentário demonstrará as receitas e despesas previstas em confronto com as realizadas.

Art. 103. O Balanço Financeiro demonstrará a receita e a despesa orçamentárias bem como os recebimentos e os pagamentos de natureza extra-orçamentária, conjugados com os saldos em espécie provenientes do exercício anterior, e os que se transferem para o exercício seguinte.

Parágrafo único. Os Restos a Pagar do exercício serão computados na receita extra-orçamentária para compensar sua inclusão na despesa orçamentária.

Art. 104. A Demonstração das Variações Patrimoniais evidenciará as alterações verificadas no patrimônio, resultantes ou independentes da execução orçamentária, e indicará o resultado patrimonial do exercício.

Art. 105. O Balanço Patrimonial demonstrará:

I - O Ativo Financeiro;

II - O Ativo Permanente;

III - O Passivo Financeiro;

IV - O Passivo Permanente;

V - O Saldo Patrimonial;

VI - As Contas de Compensação.

§ 1º O Ativo Financeiro compreenderá os créditos e valores realizáveis independentemente de autorização orçamentária e os valores numerários.

§ 2º O Ativo Permanente compreenderá os bens, créditos e valores, cuja mobilização ou alienação dependa de autorização legislativa.

§ 3º O Passivo Financeiro compreenderá as dívidas fundadas e outras pagamento independa de autorização orçamentária.

§ 4º O Passivo Permanente compreenderá as dívidas fundadas e outras que dependam de autorização legislativa para amortização ou resgate.

§ 5º Nas contas de compensação serão registrados os bens, valores, obrigações e situações não compreendidas nos parágrafos anteriores e que, imediata ou indiretamente, possam vir a afetar o patrimônio.

Art. 106. A avaliação dos elementos patrimoniais obedecerá as normas seguintes:

I - os débitos e créditos, bem como os títulos de renda, pelo seu valor nominal, feita a conversão, quando em moeda estrangeira, à taxa de câmbio vigente na data do balanço;

II - os bens móveis e imóveis, pelo valor de aquisição ou pelo custo de produção ou de construção;

III - os bens de almoxarifado, pelo preço médio ponderado das compras.

§ 1º Os valores em espécie, assim como os débitos e créditos, quando em moeda estrangeira, deverão figurar ao lado das correspondentes importâncias em moeda nacional.

§ 2º As variações resultantes da conversão dos débitos, créditos e valores em espécie serão levadas à conta patrimonial.

§ 3º Poderão ser feitas reavaliações dos bens móveis e imóveis.

TÍTULO X

Das Autarquias e Outras Entidades

Art. 107. As entidades autárquicas ou paraestatais, inclusive de previdência social ou investidas de delegação para arrecadação de contribuições para fiscais da União, dos Estados, dos Municípios e do Distrito Federal terão seus orçamentos aprovados por decreto do Poder Executivo, salvo se disposição legal expressa determinar que o sejam pelo Poder Legislativo.

Parágrafo único. Compreendem-se nesta disposição as emprêsas com autonomia financeira e administrativa cujo capital pertencer, integralmente, ao Poder Público.

Art. 108. Os orçamentos das entidades referidas no artigo anterior vincular-se-ão ao orçamento da União, dos Estados, dos Municípios e do Distrito Federal, pela inclusão:

I - como receita, salvo disposição legal em contrário, de saldo positivo previsto entre os totais das receitas e despesas;

II - como subvenção econômica, na receita do orçamento da beneficiária, salvo disposição legal em contrário, do saldo negativo previsto entre os totais das receitas e despesas.

§ 1º Os investimentos ou inversões financeiras da União, dos Estados, dos Municípios e do Distrito Federal, realizados por intermédio das entidades aludidas no artigo anterior, serão classificados como receita de capital destas e despesa de transferência de capital daqueles.

§ 2º As previsões para depreciação serão computadas para efeito de apuração do saldo líquido das mencionadas entidades.

Art. 109. Os orçamentos e balanços das entidades compreendidas no artigo 107 serão publicados como complemento dos orçamentos e balanços da União, dos Estados, dos Municípios e do Distrito Federal a que estejam vinculados.

Art. 110. Os orçamentos e balanços das entidades já referidas, obedecerão aos padrões e normas instituídas por esta lei, ajustados às respectivas peculiaridades.

Parágrafo único. Dentro do prazo que a legislação fixar, os balanços serão remetidos ao órgão central de contabilidade da União, dos Estados, dos Municípios e do Distrito Federal, para fins de incorporação dos resultados, salvo disposição legal em contrário.

TÍTULO XI

Disposições Finais

Art. 111. O Conselho Técnico de Economia e Finanças do Ministério da Fazenda, além de outras apurações, para fins estatísticos, de interêsse nacional, organizará e publicará o balanço consolidado das contas da União, Estados, Municípios e Distrito Federal, suas autarquias e outras entidades, bem como um quadro estruturalmente idêntico, baseado em dados orçamentários.

§ 1º Os quadros referidos neste artigo terão a estrutura do Anexo n. 1.

§ 2 O quadro baseado nos orçamentos será publicado até o último dia do primeiro semestre do próprio exercício e o baseado nos balanços, até o último dia do segundo semestre do exercício imediato àquele a que se referirem.

Art. 112. Para cumprimento do disposto no artigo precedente, a União, os Estados, os Municípios e o Distrito Federal remeterão ao mencionado órgão, até 30 de abril, os orçamentos do exercício, e até 30 de junho, os balanços do exercício anterior.

Parágrafo único. O pagamento, pela União, de auxílio ou contribuição a Estados, Municípios ou Distrito Federal, cuja concessão não decorra de imperativo constitucional, dependerá de prova do atendimento ao que se determina neste artigo.

Art. 113. Para fiel e uniforme aplicação das presentes normas, o Conselho Técnico de Economia e Finanças do Ministério da Fazenda atenderá a consultas, coligirá elementos, promoverá o intercâmbio de dados informativos, expedirá recomendações técnicas, quando solicitadas, e atualizará sempre que julgar conveniente, os anexos que integram a presente lei.

Parágrafo único. Para os fins previstos neste artigo, poderão ser promovidas, quando necessário, conferências ou reuniões técnicas, com a participação de representantes das entidades abrangidas por estas normas.

Art. 114. Os efeitos desta lei são contados a partir de 1º de janeiro de 1964 para o fim da elaboração dos orçamentos e a partir de 1º de janeiro de 1965, quanto às demais atividades estatuídas. (Redação dada pela Lei nº 4.489, de 19.11.1964)

Art. 115. Revogam-se as disposições em contrário.

Brasília, 17 de março de 1964; 143º da Independência e 76º da República.

Capítulo 8. Administração Pública: Licitações e Contratos Públicos. Conceito, Objetivos, Fases da licitação, Modalidades de licitação, Tipos de licitação, Dispensa e inexigibilidade

A contratação da administração pública com o particular ou empresa é feita através de licitação que é um procedimento legal do direito administrativo, dentro de parâmetros das normas e regulamentações para este fim. O Direito Administrativo é instrumento utilizado na gestão pública dos negócios do governo, seja de qualquer esfera e suas subsidiarias. O gestor tem que conhecer na integra os princípios que o rege, do contrário, cometerá crime de responsabilidade. Sabiamente, que a licitação e contratos públicos pertencem ao ordenamento do Direito Administrativo de forma conjunta.

A licitação é um procedimento administrativo e têm como base o artigo 37, inciso XXI, da Constituição Federal do Brasil de 1988 e a Lei Geral de Licitações nº 8.666 de 21.06.1993, que são as formas competentes do gestor público realizar processo licitatório e, posteriormente, contratar com empresas ou particular. Logo, observando algumas exceções em que a lei permite ao administrador público contrate de forma direta sem licitação. O contrato administrativo é celebrado formalmente com as instituições públicas através de licitações, respeitando as cláusulas exorbitantes, que é a predominância do Poder Público sobre o particular.

O estudo sobre licitação e contratos públicos como princípio do direito administrativo tem relevância e interesse para a nossa sociedade brasileira, devido à transparência e publicidade com o objetivo primordial a análise dos princípios da isonomia e da impessoalidade.

Espera-se que este artigo demonstre de forma clara e simples os conceitos e normas de licitação e contratos administrativos com os órgãos do Poder Público, respeitando assim, as regras da lei maior do nosso país que é a Constituição Federal do Brasil de 1988.

A organização deste artigo está assim definida: primeiramente, é feito os conceitos e definições das normas e regras que regem a lei geral de licitações e contratos administrativos; em seguida, uma breve apresentação de referencial teórico que norteiam a licitação e contratos administrativos, seguidamente da metodologia do trabalho referenciado no artigo e, finalmente, as considerações finais.

2 DIREITO ADMINISTRATIVO, LICITAÇÃO E CONTRATOS ADMINISTRATIVOS

O desenvolvimento deste artigo é demonstrar as definições e os conceitos de forma simples e clara, sobre a aplicabilidade da licitação e contratos públicos como ramo do direito administrativo e da gestão pública. O estudo do artigo é mostrar um modelo gerencial na gestão administrativa e sua eficiência e transparência nos contratos públicos com particular ou empresas. A sua pesquisa foi elaborada em livros de administração e gestão pública; apostila de licitações e contratos administrativos; publicados em revistas eletrônicas e em sítios eletrônicos.

Para o entendimento e compreensão do artigo referendado, utilizaram-se três tipos de abordagens: conceitos de direito administrativo; conceitos de licitação e conceitos de contratos administrativos.

2.1 CONCEITOS DE DIREITO ADMINISTRATIVO

O Direito Administrativo é uma ramificação do direito público que disciplina a função administrativa de um governo democrático de direito e abrange os princípios e regras como fonte primária de uma constituição. Segundo Di Pietro (2011, p 50), que conceitua o Direito Administrativo:

(É o ramo do direito público que tem por objeto os órgãos, agentes e pessoas jurídicas administrativas que integram a Administração Pública, a atividade jurídica não contenciosa que exerce e os bens de que se utiliza para a consecução de seus fins, de natureza pública.)

A Administração Pública está vinculada aos princípios basilares do Direito Administrativo, inseridos no artigo 37 da Constituição Federal de 1988 que é a Lei Maior e aplicam-se aos três poderes da nação e a toda Administração Pública Direta e Indireta, a saber:

(A administração pública direta e indireta de qualquer dos Poderes da União, dos Estados, do Distrito Federal e dos Municípios obedecerá aos princípios de legalidade, impessoalidade, moralidade, publicidade e eficiência e, também, ao seguinte:)

2.2 CONCEITOS DE LICITAÇÃO

A Licitação Pública é um instrumento consagrado na Constituição Federal do Brasil de 1988 no seu artigo 37, inciso XXI, que diz:

(Ressalvados os casos especificados na legislação, as obras, serviços, compras e alienações serão contratados mediante processo de licitação pública que assegure igualdade de condições a todos os concorrentes, com cláusulas que estabeleçam obrigações de pagamento, mantidas as condições efetivas da proposta, nos termos da lei, o qual somente permitirá as exigências de qualificação técnica e econômica indispensáveis à garantia do cumprimento das obrigações).

A Constituição de 1988 foi fundamental para a criação de novas leis no ordenamento jurídico e administrativo, dentre as quais: a Lei Federal nº 8.666 de 1993, que instituiu o Estatuto das Licitações e Contratos Administrativos.

A Lei 8.666/93 constitui um meio pelo qual o gestor público procederá à administração do erário na contratação de bens e serviços, optando pela melhor forma de aquisição, ou seja, pelo menor preço, prazo e qualidade, observando a necessidade do órgão público licitante quanto à descrição do objeto ou serviço de aquisição.

Conforme o conceito de licitação do ilustre professor Celso Antônio Bandeira de Melo (1993, p. 517) que defini:

(Licitação é um certame que as entidades governamentais devem promover e no qual abrem disputa entre os interessados em com elas travar determinadas relações de conteúdo patrimonial, para escolher a proposta mais vantajosa às conveniências públicas.)

Com tudo, a licitação e os contratos da administração pública destinam-se a garantir a observância do princípio constitucional da isonomia e escolher a proposta mais vantajosa para o Ente Público, logo será realizada em estrita observância aos princípios basilares da legalidade, da impessoalidade, da moralidade, da probidade administrativa, da vinculação ao instrumento convocatório e do julgamento objetivo. Assim, descrita no artigo 3º da Lei 8.666/93:

(A licitação destina-se a garantir a observância do princípio constitucional da isonomia, a seleção da proposta mais vantajosa para a administração e a promoção do desenvolvimento nacional sustentável e será processada e julgada em estrita conformidade com os princípios básicos da legalidade, da impessoalidade, da moralidade, da igualdade, da publicidade, da probidade administrativa, da vinculação ao instrumento convocatório, do julgamento objetivo e dos que lhes são correlatos.)

Na Lei da licitação, contem diferentes formas de proceder na seleção da modalidade de licitação, descrito no seu artigo 22: concorrência, tomada de preço, convite, concurso e leilão. No entanto, a Medida Provisória nº 2.026/2000, depois foi transformada em Lei 10.520/2002, criou uma nova modalidade de licitação, chamado Lei do Pregão e pode ser utilizado em contratos de qualquer valor e, também, diversos tipos de modalidades desde que o julgamento da proposta seja o menor preço. Na própria Lei nº 8666/1993, no artigo 45, tem os tipos para cada modalidade de licitação empregada, exceto na modalidade concurso, sendo: a de menor preço; a de melhor técnica; a de técnica e preço e a de maior lance ou oferta.

Há duas fases de licitação, sendo a primeira fase é interna constituída por comissão especializada nomeada pelo Administrador do órgão que será responsável pela elaboração e abertura do edital, em seguida, é iniciado o processo licitatório. A segunda fase é externa com a publicação do edital ou convite no diário oficial e em jornal de grande circulação. Posteriormente, o recebimento da documentação e propostas; habilitação dos licitantes; julgamento das propostas e adjudicação e homologação. Observando o edital no artigo 40 da Lei 8.666/93, o seguinte:

(O edital conterá no preâmbulo o número de ordem em série anual, o nome da repartição interessada e de seu setor, a modalidade, o regime de execução e o tipo da licitação, a menção de que será regida por esta lei, o local, dia e hora para recebimento da documentação e proposta, bem como para início da abertura dos envelopes, e indicará, obrigatoriamente, o seguinte:)

O artigo 37, inciso XXI da Constituição Federal disciplina sobre a licitação para contratos públicos com Poder Administrativo, mas existe a exceção à regra da Carta Maior, conforme a Lei Federal n 8666/93 em seus os 17 e 24, que trata da licitação dispensada e da dispensável. Uma trata por não ocorrer por determinação legal, já outra pelo ato discricionário do Gestor Público, respectivamente.

Conforme conceituação de MEIRELLES (2008, p. 105), do princípio do interesse público, que diz:

(princípio do interesse público está intimamente ligado ao da finalidade. A primazia do interesse público sobre o privado é inerente à atuação estatal e domina-a, na medida em que a existência do Estado justifica-se pela busca do interesse geral. Em razão dessa inerência, deve ser observado mesmo quando as atividades ou serviços públicos forem delegados aos particulares.)

A Inexigibilidade de Licitação Pública elencado no artigo 25 da Lei de Licitação ocorre quando há ausência ou inexistência de pressuposto jurídico que prejudique o interesse público, ou pressuposto fático que não tem interesse ao mercado, por último, o pressuposto lógico que significa pluralidade, ambos os pressupostos, tornam inviável a licitação inexigível. Conforme o artigo 25, incisos I, II e III da Lei nº 8.666/93:

(I – para aquisição de materiais, equipamentos, ou gêneros que só possam ser fornecidos por produtor, empresas ou representante comercial exclusivo, vedada a preferência de marca, devendo a comprovação de exclusividade ser feita através de atestado fornecido pelo órgão de registro do comércio do local em que se realizaria a licitação ou a obra ou o serviço, pelo Sindicato, Federação ou Confederação Patronal, ou, ainda, pelas entidades equivalentes;

II – para a contratação de serviços técnicos enumerados no art. 13 desta Lei, de natureza singular, com profissionais ou empresas de notória especialização, vedada a inexigibilidade para serviços de publicidade e divulgação;

III – para contratação de profissional de qualquer setor artístico, diretamente ou através de empresário exclusivo, desde que consagrado pela crítica especializada ou pela opinião pública.)

Na Lei 8666/93, tem duas hipóteses de anulação do processo licitatório em razões de interesse público, descritos nos 49, 101 e 113, o primeiro é de controle interno da própria Administração Pública que pode anulando os seus atos ilegais ou revogando no sentido de conveniência e oportunidade. Em seguida, o de controle externo que é provocado por terceiros ao Ministério Público, formalmente por escrito e, também, por último, ao Tribunal de Contas competente. Vejamos o artigo 113:

(O controle das despesas decorrente dos contratos e demais instrumentos regidos por esta Lei será feita pelo Tribunal de Contas competente, na forma da legislação pertinente, ficando os órgãos interessado da Administração responsáveis pela demonstração da legalidade e regularidade da despesa e execução, nos termos da Constituição e sem prejuízos do sistema de controle interno nela previsto.)

Os crimes praticados contra a Lei Federal nº 8.666/93, enfocados no Capítulo IV, seção III, entre os 89 a 99, tem previsão legal de detenção e multa. Vejamos o artigo 89 e sua penalidade:

(Pena – detenção, de 3 (três) a 5 (cinco) anos, e multa.)

Neste artigo 89 da Lei nº 8.666/93 tem uma relação de dependência com o seu paragrafo único, que diz: *"Na mesma pena incorre aquele que, tendo comprovadamente concorrido para a consumação de ilegalidade, beneficiou-se da dispensa ou inexigibilidade ilegal, para celebrar contrato com o Poder Público".*

2.3 CONCEITOS DE CONTRATOS ADMINISTRATIVOS

Os Contratos Administrativos são dispositivos legais e padronizados pela Lei nº 8.666/93, que regulamenta a contratação do Poder Público com o particular ou outro órgão da administração, em virtude de atender a necessidade de interesse público, como bem descreve o artigo 54, vejamos:

(Os contratos administrativos de que trata esta Lei regulam-se pelas suas cláusulas e pelos preceitos de direito público, aplicando-se-lhes, supletivamente, os princípios da teoria geral dos contratos e as disposições de direito privado.)

Segundo Di Pietro (2001, p. 251. Citado por PÊRA, 2011, p. 80): *"Ajustes que a Administração, nessa qualidade, celebra com pessoas físicas ou jurídicas, públicas ou privadas, para a consecução de fins públicos, segundo regime jurídico de direitos públicos."*

As características dos contratos administrativos têm oito formas descritas na Lei 8.666/93, são elas: presença da administração pública como Ente Público; finalidade pública; obediência à forma pública; procedimento legal; natureza de contrato de adesão; natureza *intuitu personae*; presença de cláusulas exorbitantes e mutabilidade. Dentre todas essas características importantes em um contrato público, a mais relevante são as cláusulas exorbitantes que confere ao gestor público a vantagem sobre o contratado, onde, o mesmo pode a qualquer tempo rescindir o contrato antes do prazo, previsto no artigo 58, incisos I a IV da Lei nº 8.666/93:

(I - modifica-los, unilateralmente, para melhor adequação às finalidades de interesse público, respeitados os direitos do contratado;

II - rescindi-los, unilateralmente, nos casos especificados no inciso art. 79 desta Lei;

III - fiscalizar-lhes e execução;

IV - aplicar sanções motivadas pela inexecução total ou parcial do ajuste;)

Ainda no artigo 58 da Lei nº 8.666/93, no inciso V, informa o tipo de hipótese de rescisão do contrato administrativo, que diz: *"nos casos de serviços essenciais, ocupar provisoriamente bens móveis, imóveis, pessoal e serviços vinculados ao objeto do contrato, na hipótese da necessidade de acautelar apuração administrativa de faltas contratuais pelo contratado, bem como na hipótese de rescisão administrativo".*

3 PROCEDIMENTOS METODOLÓGICOS

O estudo do artigo teve como objetivo principal, a pesquisa e analise sobre conceitos e definições de normas e regras que regem a licitação e contratos administrativos com relação ao direito administrativo e na gestão pública. Logo, utilizou-se a pesquisa bibliográfica que possibilitou fazer levantamento de , livros, apostilas, sítios, leis e outros autores que doutrinam o tema em questão.

4 Considerações Finais

Diante do exposto, o estudo do artigo em análise é possível à conclusão que a Lei Federal nº 8.666/93 que trata da Licitação e Contratos Administrativos, respaldada e regulamenta no artigo 37, inciso XXI, da Constituição Federal de 1988, é a melhor forma de celebração dos contratos públicos da Administração Pública com os particulares e outros, de forma isonômica e transparente.

Demonstra que o instituto da Lei de licitação nº 8666/93, como regra geral, é sempre empregado para atender a idoneidade do interesse público, visando à proposta mais vantajosa e equiparando as condições de igualdade a todos os participantes do processo licitatório, respeitando os princípios da Administração Pública e os demais princípios basilares da Constituição Federal do Brasil.

Portanto, é salutar e oportuno para uma boa transparência na gestão pública nos negócios do governo com os particulares ou terceiros, deve-se utilizar a Lei nº 8.666/93, como procedimento obrigatório nos contratos administrativos e evitando assim a violação aos princípios vinculados no próprio instrumento convocatório da licitação.

REFERÊNCIAS

BERTONCELLO, Ludhiana; BORTOLOZZI, Flavio. **Metodologia de Pesquisa**. Maringá: Centro Universitário de Maringá, 2012.

BRASIL, Constituição Federal de 1988. Constituição da República Federativa do Brasil de 1988. **Diário Oficial da União**, Brasília, 5 out. 1988. Disponível em: <http://www.planalto.gov.br/ccivil_03/Constituicao/Constituicao.htm>. Acesso em 20 abr. 2016.

BRASIL, Lei nº 10.520, de 17 de julho de 2002. Institui, no âmbito da União, Estados, Distrito Federal e Municípios, nos termos do art. 37, inciso XXI, da Constituição Federal, modalidade de licitação denominada pregão, para aquisição de bens e serviços comuns, e dá outras providências. **Diário Oficial da União**, Brasília, 17 jul. de 2002. Disponível em: <http://www.planalto.gov.br/ccivil_03/leis/2002/L10520.htm>. Acesso em 23 abr. 2016.

BRASIL, Lei nº 8.666, de 21 de junho de 1993. Regulamenta o art. 37, da Constituição Federal, institui normas para licitações e contratos da Administração Pública e dá outras providências. **Diário Oficial da União**, Brasília, 21 jun. 1993. Disponível em: <http://www.planalto.gov.br/ccivil_03/leis/L8666cons.htm>. Acesso em 19 abr. 2016.

DI PIETRO, Maria Sylvia Zanella. **Direito Administrativo**. 13. ed. São Paulo: Atlas, 2001.

DI PIETRO, Maria Sylvia Zanella. **Direito Administrativo**, 2001. In: PÊRA, Iausy Anahy Farias Martins. **Licitação e Contratos**. Maringar: Cesumar, 2011.

HORVATH, Miriam V. Fiaux. **Direito Administrativo**. São Paulo: Manole, 2011.

MEIRELLES, Hely Lopes. Direito Administrativo Brasileiro. 34ª ed. São Paulo: Editora Malheiros, 2008, p. 105.

PÊRA, Iausy Anahy Farias Martins. **Licitação e Contratos**. Maringá: Centro Universitário de Maringá, 2011.

[1] Graduado em Administração pela Universidade Paulista – UNIP, Pós-graduando em Administração Pública pelo Centro Universitário de Cesumar – Unicesumar. E-mail: marcelojozymiguel@gmail.com

[2]Doutorando em Educação: Currículo na PUC-SP. Mestre em Gestão do Conhecimento nas Organizações no Centro Universitário Cesumar - Unicesumar, na linha de pesquisa Educação e Conhecimento onde foi bolsista da Capes na modalidade I - PROSUP. Pós graduado em EAD e Tecnologias Educacionais e em Gestão com Pessoas na mesma instituição e especialista em Marketing pelo Instituto Paranaense de Ensino-IEP. É bacharel em Comunicação Social com ênfase em Publicidade e Propaganda

Licitações:

Conceito: Licitação é o procedimento administrativo formal em que a Administração Pública convoca, mediante condições estabelecidas em ato próprio (edital ou convite), empresas interessadas na apresentação de propostas para o oferecimento de bens e serviços. A licitação objetiva garantir a observância do princípio constitucional da isonomia e a selecionar a proposta mais vantajosa para a Administração, de maneira a assegurar oportunidade igual a todos os interessados e possibilitar o comparecimento ao certame ao maior número possível de concorrentes.

Objeto: A licitação vai ter por objeto aquilo sobre o que a Administração deseja contratar. Dispõe da lei que a licitação pode ter por objetivos serviços, obras, compras, alimentações, concessões, permissões e locações da Administração Pública.

Finalidades: A finalidade da licitação deve ser sempre atender o interesse público, buscar a proposta mais vantajosa, existindo igualdade de condições, bem como os demais princípios resguardados pela constituição.

Princípios: Os seguintes princípios básicos que norteiam os procedimentos licitatórios devem ser observados, dentre outros:

Princípio da Legalidade: Nos procedimentos de licitação, esse princípio vincula os licitantes e a Administração Pública às regras estabelecidas, nas normas e princípios em vigor.

Princípio da Isonomia: Significa dar tratamento igual a todos os interessados. É condição essencial para garantir em todas as fases da licitação.

Princípio da Impessoalidade: Esse princípio obriga a Administração a observar nas suas decisões critérios objetivos previamente estabelecidos, afastando a discricionariedade e o subjetivismo na condução dos procedimentos da licitação.

Princípio da Moralidade e da Probidade Administrativa: A conduta dos licitantes e dos agentes públicos tem que ser, além de lícita, compatível com a moral, ética, os bons costumes e as regras da boa administração.

Princípio da Publicidade: Qualquer interessado deve ter acesso às licitações públicas e seu controle, mediante divulgação dos atos praticados pelos administradores em todas as fases da licitação.

Princípio da Vinculação ao Instrumento Convocatório: Obriga a Administração e o licitante a observarem as normas e condições estabelecidas no ato convocatório. Nada poderá ser criado ou feito sem que haja previsão no ato convocatório.

Princípio do Julgamento Objetivo: Esse princípio significa que o administrador deve observar critérios objetivos definidos no ato convocatório para o julgamento das propostas. Afasta a possibilidade de o julgador utilizar-se de fatores subjetivos ou de critérios não previstos no ato convocatório, mesmo que em benefício da própria Administração.

MODALIDADES DE LICITAÇÃO

A licitação, como espécie de processo administrativo, é dividida em seis modalidades distintas: Concorrência, tomada de preços, convite, concurso, leilão e pregão. Existe, ainda, a consulta, que não é modalidade licitatória e aplica-se somente para agências reguladoras. Nesse sentido, segundo Marinela[3]:

"Atualmente, as nossas leis gerais estabelecem seis modalidades licitatórias que são: concorrência, tomada de preços, convite, concurso, leilão e pregão, que estão conceituadas no art. 22, da Lei nº 8.666/93 e art. 1º, da Lei nº 10.520/02. Alguns autores indicariam, ainda, a consulta. Todavia, não se trata de modalidade prevista na Lei de Licitações, tendo aplicação somente para agências reguladoras, com procedimento por elas definido".

7.1 CONCORRÊNCIA

A concorrência é a modalidade licitatória genérica, destinada a contratos de grande vulto, precedida de ampla divulgação, da qual podem participar quaisquer interessados que preencham as condições estabelecidas no instrumento convocatório. No que tange ao valor, a concorrência é utilizada para os contratos de obras e serviços de engenharia nos valores superiores a R$ 1.500.000,00 (um milhão e quinhentos mil reais) ou para outros bens e serviços que não os de engenharia, nos valores superiores a R$ 650.000,00 (seiscentos e cinquenta mil reais). Entretanto, a concorrência também é obrigatória, em razão da natureza do objeto, independentemente do valor do negócio, nos seguintes casos: nas compras e alienações de bens imóveis, nas concessões de direito real de uso, nas licitações internacionais, nos contratos de empreitada integral, e nas concessões de obras e serviços.

O intervalo mínimo que deve ser observado entre a publicação do instrumento convocatório e a entrega dos envelopes é de 45 dias corridos para critério de melhor técnica ou melhor técnica e preço e de 30 dias corridos para critério de menor preço.

7.2 TOMADA DE PREÇOS

A modalidade licitatória tomada de preços é exigida para os contratos de valores médios, que são aqueles que ficam acima do limite do convite e abaixo do limite da concorrência. Portanto, para obras e serviços de engenharia os valores devem ser superiores a R$ 150.000,00 (cento e cinquenta mil reais), chegando até R$ 1.500.000,00 (um milhão e quinhentos mil reais) e, para outros bens e serviços que não os de engenharia, valores superiores a R$ 80.000,00 (oitenta mil reais) até R$ 650.000,00 (seiscentos e cinquenta mil reais).

Nessa modalidade, a participação se restringe: às pessoas previamente cadastradas, organizadas em função dos ramos de atividade e potencialidades dos eventuais proponentes, bem como aos que atenderam a todas as condições exigidas para o cadastramento até o terceiro dia anterior à data fixada para a abertura das propostas. Para que o licitante demonstre que preenche os requisitos, ele deverá apresentar o pedido de cadastramento (requerimento), com a respectiva documentação.

O intervalo mínimo que deve ser observado entre a publicação do instrumento convocatório e a entrega dos envelopes é de 30 dias corridos para critério de melhor técnica ou melhor técnica e preço e de 15 dias corridos para critério de menor preço.

7.3 CONVITE

A modalidade convite é adequada para contratos de valores pequenos, que correspondem às obras e serviços de engenharia com valor de até R$ 150.000,00 (cento e cinquenta mil reais) e, para outros bens e serviços, até R$ 80.000,00 (oitenta mil reais).

A Administração convoca para a disputa pelo menos três pessoas que operem no ramo pertinente ao objeto, cadastrados ou não, estendendo-se o mesmo convite aos demais cadastrados do ramo relativo ao objeto que hajam manifestado seu interesse, em até 24 horas antes da apresentação das propostas. O instrumento convocatório é a carta-convite.

O intervalo mínimo que deve ser observado entre a publicação do instrumento convocatório e a entrega dos envelopes é de 5 dias úteis.

7.4 CONCURSO

A modalidade concurso consiste em uma disputa entre quaisquer interessados que possuam a qualificação exigida para a contratação de serviços técnicos profissionais especializados (já tratados no Capítulo 5, seção 5.2), com a instituição de prêmios ou remuneração aos vencedores. O procedimento dessa modalidade deve estar previsto em regulamento próprio, a ser obtido pelos interessados no local indicado no edital, que deverá indicar: a qualificação exigida dos participantes, as diretrizes e a forma de apresentação do trabalho, as condições de realização do concurso e os prêmios concedidos. Seu julgamento é efetuado por comissão especial que não precisa ser composta por servidores públicos, bastando que os integrantes sejam pessoas de reputação ilibada e reconhecido conhecimento da matéria.

O intervalo mínimo que deve ser observado entre a publicação do instrumento convocatório e o evento é de 45 dias corridos.

7.5 LEILÃO

A modalidade licitatória leilão é, em regra, utilizada com o objetivo de obter-se o melhor preço para a alienação de bens, sendo eles: móveis inservíveis para a Administração, apreendidos ou penhorados; bens móveis de valor módico, ou seja, avaliados em quantia não superior a R$ 650.000,00 (seiscentos e cinquenta mil reais) ou, ainda, imóveis oriundos de procedimentos judiciais ou de dação em pagamento (nessa hipótese, o administrador poderá optar pela concorrência ou leilão).

O intervalo mínimo que deve ser observado entre a publicação do instrumento convocatório e o evento é de 15 dias corridos.

7.6 PREGÃO

É a modalidade de licitação destinada à contratação de bens e serviços comuns, independentemente de seu valor, estando disciplinada na Lei nº 10.520/02. Consideram-se bens e serviços comuns aqueles cujos padrões de desempenho e qualidade possam ser objetivamente definidos pelo edital, sem grande necessidade de avaliações detalhadas, visto que a relação dos bens ou serviços comuns encontra-se disposta em anexo do Decreto Federal nº 3.555/00, posteriormente alterado pelo Decreto Federal nº 7.174/10.

A principal vantagem proporcionada pelo pregão é a economia de recursos financeiros para a Administração Pública, pois dele somente tomam parte os licitantes que apresentarem propostas cujo valor seja até 10% superior ao da proposta de menor valor, inclusive esta. Além disso, a modalidade foi instituída com o escopo de aperfeiçoar o regime de licitações, permitindo o aumento da competitividade e a ampliação das oportunidades de participação nas licitações, além de desburocratizar os procedimentos para a habilitação e o cumprimento da sequencia de etapas do procedimento, contribuindo para a redução de despesas e concedendo maior agilidade nas aquisições. Nesse sentido, pode-se dizer que o pregão visa a atender não apenas ao princípio constitucional da isonomia, como também ao princípio da eficiência.

Cabe ressaltar, ainda, que o pregão pode ser realizado em duas modalidades: o **pregão presencial**, que se caracteriza pela presença física dos licitantes e dos agentes públicos responsáveis pelo pregão e o **pregão eletrônico**, que é realizado por meio da utilização de recursos de tecnologia da informação, nos termos de regulamentação específica, em que os licitantes encaminham suas propostas por via eletrônica, e os lances são realizados também por via eletrônica.

O intervalo mínimo que deve ser observado entre a publicação do instrumento convocatório e a entrega ou encaminhamento das propostas e documentações é de 08 dias úteis.

7.7 CONSULTA

A licitação na modalidade consulta encontra-se prevista na Lei nº 9.472/97, que dispõe sobre a organização dos serviços de telecomunicações, dentre outros temas, aplicando-se exclusivamente às agências reguladoras. Tem por objeto: o fornecimento de bens e serviços não classificados como bens ou serviços comuns e a contratação de bens ou serviços comuns que não apresentem alto valor, assim definidos na forma de regulamento próprio. Cabe às agências reguladoras disciplinar a licitação nessa modalidade.

8 FASES DO PROCESSO DE LICITAÇÃO

O processo de licitação é dividido em duas fases: fase interna e fase externa, as quais, por sua vez, subdividem-se em fases específicas.

8.1 FASE INTERNA

Fase preliminar da licitação que compreende os seguintes atos: definição do objeto a ser contratado, estimativa do custo do contrato, reserva da receita orçamentária, elaboração do instrumento convocatório, exame do edital ou carta-convite pela assessoria jurídica, autorização para licitar e publicação do edital.

8.1.1 Fase de Abertura

Assim sendo, o procedimento de licitação é iniciado com a abertura de processo administrativo, devidamente autuado, protocolado e numerado, contendo a autorização respectiva, a indicação sucinta de seu objeto e do recurso para a despesa, e ao qual serão juntados oportunamente: o edital ou convite e respectivos anexos; comprovante das publicações do edital ou da entrega do convite; ato de designação da comissão de licitação, do leiloeiro administrativo ou oficial, ou do responsável pelo convite; original das propostas e dos documentos que as instruem; atas, relatórios e deliberações da Comissão de Licitação; pareceres técnicos ou jurídicos emitidos sobre a licitação, dispensa ou inexigibilidade; atos de adjudicação do objeto da licitação e da sua homologação; recursos eventualmente apresentados pelos licitantes e respectivas manifestações e decisões; despacho de anulação ou de revogação da licitação, quando for o caso, fundamentado circunstancialmente; termo de contrato ou instrumento equivalente; outros comprovantes de publicações e demais documentos relativos à licitação.

8.2 FASE EXTERNA

8.2.1 Fase de Habilitação

Após a publicação do edital, tem início a fase externa da licitação, que é caracterizada pela habilitação e pela seleção do melhor licitante, dentre os habilitados. Para a habilitação nas licitações, será exigido dos interessados: documentação relativa à habilitação jurídica, qualificação técnica, qualificação econômico-financeira, regularidade fiscal e prova de que o interessado não empregue em trabalho noturno, perigoso ou insalubre menores de dezoito anos, bem como não empregue em qualquer trabalho menores de dezesseis anos, salvo na condição de aprendiz, a partir de quatorze anos. A inabilitação do licitante importa preclusão do seu direito de participar das fases subseqüentes do processo licitatório.

8.2.2 Fase de Classificação e Julgamento

O julgamento das propostas será objetivo, devendo a Comissão de Licitação ou o responsável pelo convite realizá-lo em conformidade com os tipos de licitação e os critérios previamente estabelecidos no ato convocatório. No caso de empate entre duas ou mais propostas, deverá ser observado o disposto no artigo 3º, § 2º, da Lei de Licitações.

Nota-se nesta fase que, com o advento da Lei Complementar nº 123, de 14 de dezembro de 2006, que estabeleceu o Estatuto Nacional da Microempresa e da Empresa de Pequeno Porte, ocorreu a adoção de novas regras de licitações públicas, dando tratamento diferenciado e favorecido às microempresas e empresas de pequeno porte no âmbito dos Poderes da União, dos Estados, do Distrito Federal e dos Municípios, com relação à preferência nas aquisições de bens e serviços pelos Poderes Públicos. Na prática, os direitos são: deverão apresentar toda a documentação exigida para efeito de comprovação de **regularidade fiscal**, mesmo que com restrições. Porém, havendo alguma restrição, será assegurado o prazo de dois dias úteis, prorrogáveis por igual período, cujo termo inicial corresponderá ao momento em que o proponente for declarado o vencedor do certame, para a regularização da documentação. Outro privilégio é o direito de preferência nas situações de empate, ou seja, quando as propostas apresentadas pelas microempresas e empresas de pequeno porte sejam iguais ou até 10% superiores à proposta mais bem classificada. No caso do pregão, aplica-se às propostas que não sejam superiores a 5% da proposta com o menor valor. Dessa forma, a microempresa ou empresa de pequeno porte mais bem classificada poderá apresentar proposta de preço inferior àquela considerada vencedora do certame, situação em que será adjudicado em seu favor o objeto licitado. Por fim, o legislador ainda permitiu a promoção de licitação pública, desde que os valores envolvidos não superem R$ 80.000,00 (oitenta mil reais), restrita às microempresas e empresas de pequeno porte.

8.2.3 Fase de Homologação e Adjudicação

Uma vez concluída a fase de classificação e julgamento, a autoridade superior à Comissão de Licitação, com fundamento no poder-dever que lhe é atribuído, poderá, alternativamente: homologar os atos administrativos praticados, confirmando o resultado da licitação; revogar os atos administrativos praticados ou mesmo a licitação toda, motivada por razões de interesse público, que decorram de fato superveniente devidamente comprovado, pertinente e hábil para justificar tal conduta ou anular os atos administrativos praticados ou mesmo a licitação toda, motivada por ilegalidade relacionada ao processo licitatório, mediante parecer escrito e devidamente fundamentado.

Com o resultado homologado, o licitante cuja proposta tiver sido selecionada terá o direito à adjudicação do objeto da licitação. A adjudicação consiste na atribuição do objeto da licitação àquele cuja proposta tenha sido selecionada, para imediata execução do contrato.

8.3 INVERSÃO DE FASES NO PROCEDIMENTO LICITATÓRIO

Convém ressaltar uma exceção trazida pela Lei nº 11.196/05 e pela Lei nº 10.520/02, prevendo que o edital de licitação estabelecerá a inversão da ordem das fases de habilitação e julgamento nas modalidades de pregão e concorrência para outorga de concessões e permissões de serviços públicos. Nesses casos, uma vez encerrada a fase de classificação das propostas, será aberto o envelope com os documentos de habilitação do licitante mais bem classificado. Uma vez constatado o atendimento às exigências editalícias, o licitante será declarado vencedor. Por outro lado, caso o licitante melhor classificado seja inabilitado, serão analisados os documentos do licitante classificado em segundo lugar, e assim sucessivamente.

9 HIPÓTESES EXCLUDENTES DE LICITAÇÃO

9.1 LICITAÇÃO DISPENSADA

A licitação será dispensada somente nas hipóteses expressamente previstas na Lei de Licitações. A dispensa do processo licitatório nesse caso resulta de disposição expressa de lei, não cabendo qualquer juízo discricionário da Administração Pública quanto à conveniência e oportunidade de sua realização. Nesse contexto, estão previstas no artigo 17, incisos I e II, da Lei nº 8.666/93, as possibilidades de licitação dispensada:

"Art. 17 A alienação de bens da Administração Pública, subordinada à existência de interesse público devidamente justificado, será precedida de avaliação e obedecerá às seguintes normas:

I- *quando imóveis, dependerá de autorização legislativa para órgãos da administração direta e entidades autárquicas e fundacionais, e, para todos, inclusive as entidades paraestatais, dependerá de avaliação prévia e de licitação na modalidade de concorrência, dispensada esta nos seguintes casos:*

a) dação em pagamento;

b) doação, permitida exclusivamente para outro órgão ou entidade da administração pública, de qualquer esfera de governo, ressalvado o disposto nas alíneas f, h e i;

c) permuta, por outro imóvel que atenda aos requisitos constantes do inciso X do art. 24 desta Lei;

d) investidura;

e) venda a outro órgão ou entidade da administração pública, de qualquer esfera de governo;

f) alienação gratuita ou onerosa, aforamento, concessão de direito real de uso, locação ou permissão de uso de bens imóveis residenciais construídos, destinados ou efetivamente utilizados no âmbito de programas habitacionais ou de regularização fundiária de interesse social desenvolvidos por órgãos ou entidades da administração pública;

g) procedimentos de legitimação de posse de que trata o art. 29 da Lei no 6.383, de 7 de dezembro de 1976, mediante iniciativa e deliberação dos órgãos da Administração Pública em cuja competência legal inclua-se tal atribuição;

h) alienação gratuita ou onerosa, aforamento, concessão de direito real de uso, locação ou permissão de uso de bens imóveis de uso comercial de âmbito local com área de até 250 m² (duzentos e cinqüenta metros quadrados) e inseridos no âmbito de programas de regularização fundiária de interesse social desenvolvidos por órgãos ou entidades da administração pública;

i) alienação e concessão de direito real de uso, gratuita ou onerosa, de terras públicas rurais da União na Amazônia Legal onde incidam ocupações até o limite de 15 (quinze) módulos fiscais ou 1.500ha (mil e quinhentos hectares), para fins de regularização fundiária, atendidos os requisitos legais;

II- *quando móveis, dependerá de avaliação prévia e de licitação, dispensada esta nos seguintes casos:*

a) doação, permitida exclusivamente para fins e uso de interesse social, após avaliação de sua oportunidade e conveniência sócio-econômica, relativamente à escolha de outra forma de alienação;

b) permuta, permitida exclusivamente entre órgãos ou entidades da Administração Pública;

c) venda de ações, que poderão ser negociadas em bolsa, observada a legislação específica;

d) venda de títulos, na forma da legislação pertinente;

e) venda de bens produzidos ou comercializados por órgãos ou entidades da Administração Pública, em virtude de suas finalidades;

f) venda de materiais e equipamentos para outros órgãos ou entidades da Administração Pública, sem utilização previsível por quem deles dispõe".

9.2 LICITAÇÃO DISPENSÁVEL

Licitação dispensável é aquela cuja realização, nas hipóteses legais, fica a critério puramente discricionário da Administração Pública competente, em virtude de peculiaridade de seu objeto e/ou de outros elementos circunstanciais que envolvam a sua realização. As hipóteses estão elencadas no artigo 24 da Lei de Licitações, conforme segue:

"Art. 24 É dispensável a licitação:

I- para obras e serviços de engenharia de valor até 10% (dez por cento) do limite previsto na alínea "a", do inciso I do artigo anterior, desde que não se refiram a parcelas de uma mesma obra ou serviço ou ainda para obras e serviços da mesma natureza e no mesmo local que possam ser realizadas conjunta e concomitantemente;

II- para outros serviços e compras de valor até 10% (dez por cento) do limite previsto na alínea "a", do inciso II do artigo anterior e para alienações, nos casos previstos nesta Lei, desde que não se refiram a parcelas de um mesmo serviço, compra ou alienação de maior vulto que possa ser realizada de uma só vez;

III- nos casos de guerra ou grave perturbação da ordem;

IV- nos casos de emergência ou de calamidade pública, quando caracterizada urgência de atendimento de situação que possa ocasionar prejuízo ou comprometer a segurança de pessoas, obras, serviços, equipamentos e outros bens, públicos ou particulares, e somente para os bens necessários ao atendimento da situação emergencial ou calamitosa e para as parcelas de obras e serviços que possam ser concluídas no prazo máximo de 180 (cento e oitenta) dias consecutivos e ininterruptos, contados da ocorrência da emergência ou calamidade, vedada a prorrogação dos respectivos contratos;

V- quando não acudirem interessados à licitação anterior e esta, justificadamente, não puder ser repetida sem prejuízo para a Administração, mantidas, neste caso, todas as condições preestabelecidas;

VI- quando a União tiver que intervir no domínio econômico para regular preços ou normalizar o abastecimento;

VII- quando as propostas apresentadas consignarem preços manifestamente superiores aos praticados no mercado nacional, ou forem incompatíveis com os fixados pelos órgãos oficiais competentes, casos em que, observado o parágrafo único do art. 48 desta Lei e, persistindo a situação, será admitida a adjudicação direta dos bens ou serviços, por valor não superior ao constante do registro de preços, ou dos serviços;

VIII- para a aquisição, por pessoa jurídica de direito público interno, de bens produzidos ou serviços prestados por órgão ou entidade que integre a Administração Pública e que tenha sido criado para esse fim específico em data anterior à vigência desta Lei, desde que o preço contratado seja compatível com o praticado no mercado;

IX- quando houver possibilidade de comprometimento da segurança nacional, nos casos estabelecidos em decreto do Presidente da República, ouvido o Conselho de Defesa Nacional;

X- para a compra ou locação de imóvel destinado ao atendimento das finalidades precípuas da administração, cujas necessidades de instalação e localização condicionem a sua escolha, desde que o preço seja compatível com o valor de mercado, segundo avaliação prévia;

XI- na contratação de remanescente de obra, serviço ou fornecimento, em conseqüência de rescisão contratual, desde que atendida a ordem de classificação da licitação anterior e aceitas as mesmas condições oferecidas pelo licitante vencedor, inclusive quanto ao preço, devidamente corrigido;

XII- nas compras de hortifrutigranjeiros, pão e outros gêneros perecíveis, no tempo necessário para a realização dos processos licitatórios correspondentes, realizadas diretamente com base no preço do dia;

XIII- na contratação de instituição brasileira incumbida regimental ou estatutariamente da pesquisa, do ensino ou do desenvolvimento institucional, ou de instituição dedicada à recuperação social do preso, desde que a contratada detenha inquestionável reputação ético-profissional e não tenha fins lucrativos;

XIV- para a aquisição de bens ou serviços nos termos de acordo internacional específico aprovado pelo Congresso Nacional, quando as condições ofertadas forem manifestamente vantajosas para o Poder Público;

XV- para a aquisição ou restauração de obras de arte e objetos históricos, de autenticidade certificada, desde que compatíveis ou inerentes às finalidades do órgão ou entidade.

XVI- para a impressão dos diários oficiais, de formulários padronizados de uso da administração, e de edições técnicas oficiais, bem como para prestação de serviços de informática a pessoa jurídica de direito público interno, por órgãos ou entidades que integrem a Administração Pública, criados para esse fim específico;

XVII- para a aquisição de componentes ou peças de origem nacional ou estrangeira, necessários à manutenção de equipamentos durante o período de garantia técnica, junto ao fornecedor original desses equipamentos, quando tal condição de exclusividade for indispensável para a vigência da garantia;

XVIII- nas compras ou contratações de serviços para o abastecimento de navios, embarcações, unidades aéreas ou tropas e seus meios de deslocamento quando em estada eventual de curta duração em portos, aeroportos ou localidades diferentes de suas sedes, por motivo de movimentação operacional ou de adestramento, quando a exiguidade dos prazos legais puder comprometer a normalidade e os propósitos das operações e desde que seu valor não exceda ao limite previsto na alínea "a" do inciso II do art. 23 desta Lei:

XIX- para as compras de material de uso pelas Forças Armadas, com exceção de materiais de uso pessoal e administrativo, quando houver necessidade de manter a padronização requerida pela *estrutura de apoio logístico dos meios navais, aéreos e terrestres, mediante parecer de comissão instituída por decreto;*

XX- na contratação de associação de portadores de deficiência física, sem fins lucrativos e de comprovada idoneidade, por órgãos ou entidades da Admininistração Pública, para a prestação de serviços ou fornecimento de mão-de-obra, desde que o preço contratado seja compatível com o praticado no mercado.

XXI- para a aquisição de bens e insumos destinados exclusivamente à pesquisa científica e tecnológica com recursos concedidos pela Capes, pela Finep, pelo CNPq ou por outras instituições de fomento a pesquisa credenciadas pelo CNPq para esse fim específico;

XXII- na contratação de fornecimento ou suprimento de energia elétrica e gás natural com concessionário, permissionário ou autorizado, segundo as normas da legislação específica;

XXIII- na contratação realizada por empresa pública ou sociedade de economia mista com suas subsidiárias e controladas, para a aquisição ou alienação de bens, prestação ou obtenção de serviços, desde que o preço contratado seja compatível com o praticado no mercado.

XXIV- para a celebração de contratos de prestação de serviços com as organizações sociais, qualificadas no âmbito das respectivas esferas de governo, para atividades contempladas no contrato de gestão.

XXV- na contratação realizada por Instituição Científica e Tecnológica - ICT ou por agência de fomento para a transferência de tecnologia e para o licenciamento de direito de uso ou de exploração de criação protegida.

XXVI– na celebração de contrato de programa com ente da Federação ou com entidade de sua administração indireta, para a prestação de serviços públicos de forma associada nos termos do autorizado em contrato de consórcio público ou em convênio de cooperação.

XXVII- na contratação da coleta, processamento e comercialização de resíduos sólidos urbanos recicláveis ou reutilizáveis, em áreas com sistema de coleta seletiva de lixo, efetuados por associações ou cooperativas formadas exclusivamente por pessoas físicas de baixa renda reconhecidas pelo poder público como catadores de materiais recicláveis, com o uso de equipamentos compatíveis com as normas técnicas, ambientais e de saúde pública.

XVIII– para o fornecimento de bens e serviços, produzidos ou prestados no País, que envolvam, cumulativamente, alta complexidade tecnológica e defesa nacional, mediante parecer de comissão especialmente designada pela autoridade máxima do órgão.

XXIX– na aquisição de bens e contratação de serviços para atender aos contingentes militares das Forças Singulares brasileiras empregadas em operações de paz no exterior, necessariamente justificadas quanto ao preço e à escolha do fornecedor ou executante e ratificadas pelo Comandante da Força.

XXX- na contratação de instituição ou organização, pública ou privada, com ou sem fins lucrativos, para a prestação de serviços de assistência técnica e extensão rural no âmbito do Programa Nacional de Assistência Técnica e Extensão Rural na Agricultura Familiar e na Reforma Agrária, instituído por lei federal.

XXXI- nas contratações visando ao cumprimento do disposto nos arts. 3o, 4o, 5o e 20 da Lei no 10.973, de 2 de dezembro de 2004, observados os princípios gerais de contratação dela constantes.

XXXII- na contratação em que houver transferência de tecnologia de produtos estratégicos para o Sistema Único de Saúde - SUS, no âmbito da Lei no 8.080, de 19 de setembro de 1990, conforme elencados em ato da direção nacional do SUS, inclusive por ocasião da aquisição destes produtos durante as etapas de absorção tecnológica

XXXIII- na contratação de entidades privadas sem fins lucrativos, para a implementação de cisternas ou outras tecnologias sociais de acesso à água para consumo humano e produção de alimentos, para beneficiar as famílias rurais de baixa renda atingidas pela seca ou falta regular de água".

9.3 INEXIGIBILIDADE DE LICITAÇÃO

A licitação é considerada inexigível quando não há possibilidade de competição entre os eventuais licitantes, de modo que sua realização não é exigida.

Conforme o disposto no artigo 25da Lei nº 8.666/93, a licitação será inexigível nas seguintes hipóteses:

"Art. 25 É inexigível a licitação quando houver inviabilidade de competição, em especial:

I- para aquisição de materiais, equipamentos, ou gêneros que só possam ser fornecidos por produtor, empresa ou representante comercial exclusivo, vedada a preferência de marca, devendo a comprovação de exclusividade ser feita através de atestado fornecido pelo órgão de registro do comércio do local em que se realizaria a licitação ou a obra ou o serviço, pelo Sindicato, Federação ou Confederação Patronal, ou, ainda, pelas entidades equivalentes;

II- para a contratação de serviços técnicos enumerados no art. 13 desta Lei, de natureza singular, com profissionais ou empresas de notória especialização, vedada a inexigibilidade para serviços de publicidade e divulgação;

III- para contratação de profissional de qualquer setor artístico, diretamente ou através de empresário exclusivo, desde que consagrado pela crítica especializada ou pela opinião pública".

Assim, pode-se dizer que, no rol das hipóteses legais de licitação inexigível, as duas primeiras (fornecedor exclusivo e notória especialização) apresentam maior objetividade, na medida em que sua caracterização deve vir amparada por elementos objetivos. No tocante à terceira hipótese legal (contratação de artista), há uma maior subjetividade, na medida em que sua caracterização se dá a partir de elementos não totalmente precisos pela lei.

9.4 LICITAÇÃO DESERTA

A licitação deserta é aquela que nenhum proponente interessado comparece ou quando ocorre a ausência de interessados na licitação. Neste caso, torna-se dispensável a licitação, podendo a Administração contratar diretamente, desde que demonstre motivadamente existir prejuízo na realização de uma nova licitação e desde que sejam mantidas todas as condições já estabelecidas no edital.

9.5 LICITAÇÃO FRACASSADA

Ocorre quando nenhum proponente é selecionado em decorrência de inabilitação ou de desclassificação das propostas. Nos processos de licitações que apresentarem estas situações, a administração poderá fixar aos licitantes o prazo de oito dias úteis para a apresentação de nova documentação ou de outras propostas escoimadas das causas de desclassificação, facultada, no caso de convite, a redução deste prazo para três dias úteis.

10 ASPECTOS CRIMINAIS DA LEI DE LICITAÇÕES

A Lei nº 8.666/93 descreve, entre os artigos 89 a 98, os tipos penais que abrange. *O primeiro (artigo 89 da Lei nº 8.666/93)* pune quem dispensar ou inexigir licitação fora das hipóteses previstas nos artigos 24 e 25 da lei, ou, ainda, deixar de observar as formalidades pertinentes à dispensa ou à inexigibilidade. Propõe resguardar a **moralidade** nos certames licitatórios e a lisura das concorrências, tendo como sujeito ativo o servidor público e como sujeito passivo o poder público. O crime consuma-se com contratação da obra ou serviço sem licitação. O elemento subjetivo é o dolo. Não foi prevista em lei a modalidade culposa. Assim, se o funcionário não vier a exigir licitação por negligência, não terá praticado o delito, ainda que seja responsabilizado administrativamente. A pena prevista é de detenção, de três a cinco anos, e multa. O parágrafo único dispõe que incorre na mesma pena quem concorre para a consumação da ilegalidade e beneficia-se da dispensa ou inexigibilidade para celebrar contrato com o Poder Público.

O artigo 90 prevê a conduta de *frustrar* ou *fraudar* o caráter competitivo do procedimento licitatório *com o intuito de obter vantagem decorrente da adjudicação do objeto da licitação*. O tipo penal visa resguardar o **princípio da competitividade** das licitações públicas. As condutas pressupõem ao menos dois agentes, que poderão ser dois concorrentes, ou um concorrente e o administrador responsável pela licitação. Se os concorrentes, além de fraudar a licitação, oferecem vantagem ilícita ao administrador, que a aceita, apresentam-se os crimes de corrupção ativa e passiva, que absorvem o presente ilícito, por serem mais graves. O elemento subjetivo é o dolo específico de obter vantagem decorrente da adjudicação do objeto da licitação. Sem essa conduta interna não se perfaz o crime. Será admissível a tentativa. A pena cominada é de detenção, de dois a quatro anos, e multa.

Com relação ao artigo 91, é semelhante ao crime de advocacia administrativa previsto no artigo 321 do Código Penal. Entretanto, é uma hipótese é bem mais específica de *patrocinar, direta ou indiretamente, interesse privado perante a Administração, dando causa à instauração de licitação ou à celebração de contrato, cuja invalidação vier a ser decretada pelo Poder Judiciário.* A objetividade jurídica do tipo penal é a **imparcialidade** dos funcionários públicos em face das pretensões dos particulares. Em todo caso, será indispensável a invalidação do ato (instauração da licitação ou celebração de contrato) pelo Poder Judiciário. Não ocorrendo a invalidação, pode restar o crime do artigo 321 do CP. Por esse motivo, será inadmissível a tentativa. A pena prevista é de detenção, de seis meses a dois anos, e multa.

A primeira parte do artigo 92 prevê a conduta de *admitir, possibilitar ou dar causa à qualquer modificação ou vantagem em favor do adjudicatário, durante a execução dos contratos celebrados com o Poder Público.* O objetivo da norma é preservar os **contratos administrativos**, que deverão ser cumpridos conforme foram celebrados. Na segunda parte, o tipo penal prevê a hipótese de quem *pagar fatura com preterição da ordem cronológica de sua exigibilidade.* Entretanto, quando estiverem presentes relevantes razões de interesse público e mediante prévia justificativa da autoridade competente, devidamente publicada, não haverá crime. Por fim, o parágrafo único incrimina de igual maneira *o contratado que, tendo comprovadamente concorrido para a consumação da ilegalidade, obtém vantagem indevida ou dela se beneficia, injustamente, das modificações ou prorrogações contratuais.* A pena prevista é de detenção, de dois a quatro anos, e multa.

O tipo penal do artigo 93 é deveras genérico, tratando de *impedir, perturbar ou fraudar a realização de qualquer ato de procedimento licitatório.* A pena é de detenção, de seis meses a dois anos, e multa.

O artigo 94 traz o delito de devassar o sigilo de proposta apresentada em procedimento licitatório, ou proporcionar a terceiro o ensejo de devassá-lo. O objetivo é garantir a lisura da licitação, mas especificamente o **sigilo da proposta**, punindo o agente que se **conhece** do conteúdo da proposta apresentada, pouco importando *se abre o envelope, coloca-o contra a luz, consulta um funcionário,* enfim, em qualquer dessas hipóteses, o sigilo será violado. A pena é de detenção, de dois a anos, e multa.

O crime do artigo 95 é de *afastar ou* três *procurar afastar licitante, por meio de violência, grave ameaça, fraude ou oferecimento de vantagem de qualquer tipo.* O licitante afastado em razão do recebimento de vantagem irá responder pelo crime nos termos do previsto no parágrafo único. Interessante notar que o tipo penal não admite a tentativa. Assim, basta *procurar afastar* para a realização do crime. A pena é de detenção, de dois a quatro anos, e multa.

Já o crime do artigo 96 é de fraudar licitação instaurada para aquisição ou venda de bens ou mercadorias mediante as seguintes condutas: *elevar arbitrariamente os preços; vender, como verdadeira ou perfeita, mercadoria ou falsificada ou deteriorada; entregar uma mercadoria por outra; alterar substância, qualidade ou quantidade da mercadoria fornecida; e tornar, por qualquer modo, injustamente, mais onerosa a proposta ou a execução do contrato.* Esses comportamentos são taxativos e não admitem ampliação. Em todas essas modalidades, é importante afirmar que se ausente **prejuízo para a Fazenda Pública** não há que se cogitar de delito algum, por expressa disposição do *caput* do artigo. Consequentemente, o crime consuma-se com a efetivação do prejuízo, que se apresenta no pagamento da fatura. Portanto, admite-se a tentativa. A pena é de detenção, de três a seis anos, e multa.

A declaração de **inidoneidade** para licitar ou contratar com a Administração Pública é uma das **sanções administrativas** previstas no art. 87 da Lei de Licitações. Ela perdurará até que seja promovida a reabilitação perante a autoridade que aplicou a penalidade ou decorrido o prazo de dois anos. Dito isso, o tipo penal do artigo 97 prevê como crime a conduta de *admitir à licitação ou celebrar contrato com empresa ou profissional declarado inidôneo*. O parágrafo único prevê que o declarado inidôneo que venha a solicitar ou contratar nessa condição também responda pelo crime. Ocorre que se o licitante ou contratado obter a **revogação** de inidoneidade por via judicial, deixa de subsistir o ilícito penal por falta de elemento normativo do tipo. Não tendo sido previsto a modalidade culposa do crime, não responde pelo delito o funcionário público que, atabalhoadamente, admitir à licitação empresa ou profissional sem verificar sua idoneidade. A pena cominada para esse delito é de detenção, de seis meses a dois anos, e multa.

Por fim, o artigo 34 dessa lei prevê que os órgãos da Administração Pública que realizem licitações manterão registros cadastrais para efeito de habilitação. Esse registro deverá ser amplamente divulgado e permanecer aberto aos interessados. As regras se estendem do artigo 34 até o artigo 37 e visam garantir a regularidade e eficiência da Administração na hora de contratar. Por isso é que o tipo penal do artigo 98 pune quem *obstar, impedir ou dificultar, injustamente, a inscrição de qualquer interessado nos registros cadastrais ou promover indevidamente a alteração, suspensão ou cancelamento de registro do inscrito*. O mesmo ocorre quanto ao termo *indevidamente* presente na segunda parte da norma. A pena cominada é a de detenção, de seis meses a dois anos, e multa.

Como forma de ilustração, segue jurisprudência do Tribunal de Justiça acerca do tipo penal tratado no artigo 90 da Lei nº 8.666/93:

"LICITAÇÃO - Réus acusados de fraudar procedimento licitatório - Fragilidade probatória, conduzindo à absolvição por falta de provas - Ausência de dolo específico dos agentes - Absolvição corretamente decretada - Recurso ministerial improvido. (Ap. 0006121-83.2009.8.26.0081, TJ, 15ª Cam. Crim., Rel. Ribeiro dos Santos, j. 28.02.2013)".

11 CONTRATOS ADMINISTRATIVOS

11.1 CONCEITO

Contrato Administrativo é o contrato celebrado pela Administração Pública, com o propósito de satisfazer as necessidades de interesse público. De acordo com Bellote Gomes[4]:

*"**Contrato administrativo** é um acordo de vontades celebrado entre a Administração Pública e o particular ou outro ente administrativo (órgão ou pessoa jurídica de direito público ou privado) para a realização de objetivos de interesse público, nas condições estabelecidas pela própria Administração Pública, sendo disciplinado preferencialmente pela Lei de Licitações".*

11.2 PRINCIPAIS CARACTERÍSTICAS

Os contratos administrativos devem estabelecer com clareza e precisão as condições para a sua execução, expressas em cláusulas que definam os direitos, obrigações e responsabilidades das partes, em conformidade com os termos da licitação e da proposta a que se vinculam. Sendo assim, conforme o disposto no artigo 55 da Lei nº 8.666/93, são consideradas **cláusulas necessárias** em todo contrato administrativo:

"Art. 55 São cláusulas necessárias em todo contrato as que estabeleçam:

I- o objeto e seus elementos característicos;

II- o regime de execução ou a forma de fornecimento;

III- o preço e as condições de pagamento, os critérios, data-base e periodicidade do reajustamento de preços, os critérios de atualização monetária entre a data do adimplemento das obrigações e a do efetivo pagamento;

IV- os prazos de início de etapas de execução, de conclusão, de entrega, de observação e de recebimento definitivo, conforme o caso;

V- o crédito pelo qual correrá a despesa, com a indicação da classificação funcional programática e da categoria econômica;

VI- as garantias oferecidas para assegurar sua plena execução, quando exigidas;

VII- os direitos e as responsabilidades das partes, as penalidades cabíveis e os valores das multas;

VIII- os casos de rescisão;

IX- o reconhecimento dos direitos da Administração, em caso de rescisão administrativa prevista no art. 77 desta Lei;

X- as condições de importação, a data e a taxa de câmbio para conversão, quando for o caso;

XI- a vinculação ao edital de licitação ou ao termo que a dispensou ou a inexigiu, ao convite e à proposta do licitante vencedor;

XII- a legislação aplicável à execução do contrato e especialmente aos casos omissos;

XIII- a obrigação do contratado de manter, durante toda a execução do contrato, em compatibilidade com as obrigações por ele assumidas, todas as condições de habilitação e qualificação exigidas na licitação".

Além das cláusulas necessárias, os contratos administrativos possuem determinadas características especiais que os diferenciam dos contratos submetidos a outros regimes jurídicos. São elas:

11.2.1 Formalidade

A formalidade caracteriza, em regra, os contratos administrativos. Assim, é nulo e de nenhum efeito o contrato verbal com a Administração Pública, exceto o que tenha por objeto pequenas compras de pronto pagamento, assim entendidas aquelas de valor não superior a R$ 4.000,00 (quatro mil reais).

Todo contrato administrativo deve trazer o nome das partes e os de seus representantes, a finalidade, o ato que autoriza a sua lavratura, o número do processo de licitação, da dispensa ou da inexigibilidade, a sujeição dos contratantes às normas previstas na Lei de Licitações e às cláusulas contratuais.

11.2.2 Licitação Prévia

Ressalvadas as hipóteses legais de dispensa e inexigibilidade de licitação, a celebração dos contratos administrativos deve ser precedida de licitação, sob pena de nulidade, devendo ainda a minuta do futuro contrato administrativo constar do edital ou do ato convocatório da licitação.

11.2.3 Cláusulas Exorbitantes

São cláusulas existentes apenas nos contratos administrativos e que conferem determinadas prerrogativas à Administração Pública, colocando-a em posição de superioridade em relação aos contratados. Estão previstas no artigo 58 da Lei de Licitações.

11.2.4 Prazo Determinado

Como regra, os contratos administrativos devem ter início e término predeterminados, sendo vedados os contratos administrativos com prazo indeterminado.

11.2.5 Prestação de Garantias

A critério da autoridade competente, em cada caso, e desde que prevista no instrumento convocatório, poderá ser exigida prestação de garantia nas contratações de obras, serviços e compras, não excedendo 5% do valor do contrato, podendo o contratado optar por uma das seguintes modalidades de garantia: seguro-garantia, fiança bancária ou caução em dinheiro ou em títulos da dívida pública, devendo estes ter sido emitidos sob a forma escritural, mediante registro em sistema centralizado de liquidação e de custódia autorizado pelo Banco Central do Brasil, e avaliados pelos seus valores econômicos, conforme definido pelo Ministério da Fazenda.

Ressalta-se que, para obras, serviços e fornecimentos de grande vulto, envolvendo alta complexidade técnica e riscos financeiros consideráveis, demonstrados por meio de parecer tecnicamente aprovado pela autoridade competente, o limite de garantia de 5% poderá ser elevado para até 10% do valor do contrato.

A garantia prestada pelo contratado será liberada ou restituída após a execução do contrato, e, quando em dinheiro, atualizada monetariamente.

11.2.6 Publicidade

Depois de celebrado o contrato, este é publicado na imprensa oficial, até o quinto dia útil do mês seguinte ao de sua assinatura, como condição de sua eficácia, uma vez que a Lei de Licitações define a imprensa oficial como o veículo oficial de divulgação da Administração Pública, sendo para a União o Diário Oficial da União e, para os Estados, o Distrito Federal e os Municípios, o que for definido nas respectivas leis.

11.3 HIPÓTESES DE ALTERAÇÃO DOS CONTRATOS ADMINISTRATIVOS

Os contratos administrativos podem ser alterados, desde que haja motivação legal, de forma unilateral pela Administração Púbica ou por acordo entre as partes.

11.4 RESPONSABILIDADE CONTRATUAL

O contratado é responsável pelos danos causados diretamente à Administração Pública ou a terceiros, decorrentes de sua culpa ou dolo na execução do contrato, sendo de sua responsabilidade, ainda, os encargos trabalhistas, previdenciários, fiscais e comerciais resultantes da execução do contrato. A inadimplência de sua parte com relação a tais obrigações não transfere à Administração Pública a responsabilidade por seu pagamento, nem poderá onerar o objeto do contrato ou restringir a regularização e o uso das obras e edificações, inclusive perante o registro de imóveis.

11.5 PRINCIPAIS MODALIDADES DE CONTRATOS ADMINISTRATIVOS

Os contratos administrativos são usualmente classificados nas seguintes modalidades, conforme seu objeto: contratos de obra, contratos de serviço, contratos de compra, contratos de alienação, parcerias público-privadas, contratos de gestão, contratos de concessão de uso de bem público, contratos de concessão de serviço público precedida da execução de obra pública, contratos de empréstimo público, consórcios e convênios.

11.6 HIPÓTESES DE EXTINÇÃO DOS CONTRATOS ADMINISTRATIVOS

Os contratos administrativos podem ser extintos pela conclusão do objeto, pelo término do prazo ou por rescisão contratual.

CONCLUSÃO

Nota-se, de forma clara e precisa, a importância da Administração Publica, como responsável pela gestão do dinheiro público. Assim, diante da necessidade de regulamentar e padronizar os procedimentos, o legislador pátrio instituiu a Lei n°8.666/93, para controlar de forma mais estrita as atividades do administrador público, relacionados à contratação de obras, serviços, inclusive publicidade, compras, alienações e locações no âmbito da Administração Pública, aperfeiçoando as regras contidas em normas já existentes.

O controle imposto pela Lei de Licitações visa proporcionar que o administrador atue em harmonia com os princípios que norteiam a sua atividade e busque, na contratação de bens de serviços, a proposta mais vantajosa, de modo a evidenciar o interesse público.

Ademais, pode-se concluir que a licitação é a regra imposta pela Constituição da República e pode ser definida como o conjunto de regras destinadas à seleção da melhor proposta, dentre as apresentadas, por aqueles que desejam controlar com a Administração Pública.

Por fim, cabe a sociedade e administradores, exercer uma fiscalização habitual, capaz de proporcionar alterações no quadro de gestão do dinheiro público, de forma a impulsionar os administradores a utilizarem à licitação de forma contida na legislação.

Referências

MARINELA, Fernanda. *Direito Administrativo*. 4. ed. Niterói: Impetus, 2010.

GOMES, Fábio Bellote. *Elementos de Direito Administrativo*. 2. ed. São Paulo: Saraiva, 2012.

PALAVÉRI, Marcelo. *Licitações Públicas:* Comentários e notas às súmulas e à jurisprudência do Tribunal de Contas do Estado de São Paulo. Belo Horizonte: Fórum, 2009.

DINIZ, Paulo de Matos Ferreira. *Coletânea Administração Pública:* Lei nº 8666/93. 2. ed. São Paulo: Brasília Jurídica, 1997.

CHAVES, Luiz Cláudio de Azevedo. *Curso Prático de Licitações:* Os Segredos da Lei nº 8666/93. 1. ed. São Paulo: Lumen Júris, 2011.

Notas:

[1] *Direito Administrativo*. 4. ed. Niterói: Impetus, 2010, p. 315, grifo do autor.

[2] *Elementos de Direito Administrativo*. 2. ed. São Paulo: Saraiva, 2012, p. 133.

[3] *Direito Administrativo*. 4. ed. Niterói: Impetus, 2010, p. 340.

[4] *Elementos de Direito Administrativo*. 2. ed. São Paulo: Saraiva, 2012, p. 163, grifo do autor.

Capítulo 9. Conhecimentos Básicos de SIAFI

O Siafi - Sistema Integrado de Administração Financeira, foi implantado em 1987, pela STN- Secretaria do Tesouro Nacional-MF, com a finalidade de uniformizar todos os procedimentos de execução Orçamentária, Financeira e Patrimonial no Setor Público da União, procedimentos estes que até então eram dissociados na esfera Federal, tanto na Administração Direta como Indireta. Neste trabalho pretende-se fazer uma revisão atual do método, observando a adaptação às operações de execução orçamentária da despesa pública na esfera Federal, bem como o atendimento das necessidades a que ele se propôs, quais sejam as de um sistema de Contabilidade Pública, Controle e Gestão em obediência aos preceitos legais. Será utilizado como método de pesquisa para a consecução de resultados, a análise de documentos, a pesquisa descritiva, no sentido de avaliar o sistema, e ter como conclusão, uma leitura muito precisa dos reais benefícios do Siafi, suas transações e sua capacidade de atender à demanda de mudanças freqüentes, tanto em níveis de tecnologia da informação como sua adequação às legislações que regem e normatizam os gastos públicos.

1. Introdução

Este estudo tem por objetivo fazer uma análise das transações que o SIAFI, (Sistema Integrado de Administração Financeira do Governo Federal) utiliza para desempenhar a execução orçamentária da despesa nos três estágios legais, quais sejam: Empenho, Liquidação e Pagamento, verificando seus controles, funções e objetivo da sua criação. O resultado desta análise pode indicar a necessidade de reformulação do SIAFI como um todo, dado suas deficiências da não atualização ao longo dos anos pelos órgãos responsáveis, STN (Secretaria Do Tesouro Nacional) e Serpro (Serviço de Processamento do Governo Federal), na matriz de programação.

Estas deficiências atingem todas as UOs (Unidades Orçamentárias), distribuídas por todo país e fora dele, que executam orçamento público federal, principalmente nas transações de consulta de dados, uma vez que as mesmas não estão configuradas para a obtenção de relatórios das informações que são incluídas na execução, sejam elas financeiras, contábeis, orçamentárias ou patrimoniais, a partir de critérios adaptados a sua necessidade.

Outro fator determinante hoje, para um reprojeto do SIAFI, além do engessamento já citado, para emissão de relatórios gerenciais, seria a falta de flexibilidade para interface com outros sistemas, já que na sua criação e implantação, a aproximadamente 20 anos atrás, o objetivo era uma configuração que não permitisse acesso a sua base de dados e a informações que viessem a comprometer a sua confiabilidade ou a legalidade dos processos referentes a execução do Orçamento e do Balanço Geral da União.

2. SISTEMA INTEGRADO DE ADMINISTRAÇÃO FINANCEIRA – SIAFI

A necessidade da criação de um sistema como o SIAFI, (atualmente referência mundial como meio para controle de contas públicas), remonta de muito tempo. No entanto, o avanço tecnológico, o amadurecimento do país na sua totalidade, a abertura democrática a partir dos anos 80, foi conjunção de fatores para que se desse início à montagem deste sistema e a estruturação dos órgãos para mantê-lo em funcionamento e atualizado.

Os anos são respectivamente 1985 e 1986, os quais foram marcos na redemocratização do país com a campanha das "Diretas Já", em que a nação clamava por reformas e transparência. O Povo queria livrar-se de um período de burocratização e de centralização administrativa que tinha reflexos diretos na economia, na gerência de recursos públicos e na pobreza de controle para acompanhamento de programas e execução do orçamento do setor público.

Segundo Castro (2004), os gestores não tinham conhecimento dos gastos da Administração Pública, pois se administrava com base na posição do "caixa" do Governo Federal, controlado em contas bancárias no Banco do Brasil. Era preciso então corrigir, com a maior urgência, o problema da falta de informações sobre as Finanças Públicas do país, também tendo como causa as altas taxas inflacionárias da época, as quais transformavam os orçamentos em simples em peças fictícias.

Além da inflação, já citada, o governo usava outros mecanismos no desempenho de suas funções, que distorciam os dados contábeis e financeiros, oriundos da proposta orçamentária inicial, tendo como o principal deles o monitoramento diário do fluxo de recursos existentes no Banco do Brasil, nas várias contas dos órgãos públicos federais, e o montante necessário para pagamento de suas atividade. A diferença era solicitada ao Banco Central para cobertura, quando estes saldos eram insuficientes, usando então o sistema bancário como fonte de informação do montante da despesa pública.

Tudo isto feria o princípio orçamentário de que nenhuma despesa poderia existir sem constar do Orçamento, que deve ser único, anual e universal. Não era único, pois existiam gastos fiscais incluídos no Orçamento Monetário e não era Universal porque os convênios não eram tratados como despesa pública.

Outras causas contribuíam para a falta de uniformidade das informações. Destaca-se entre as principais, a de que um órgão apenas arrecadava, mas vários faziam execução, cada qual com seu critério sobre o mesmo assunto.

Com o SIAFI, o controle passou a ser feito através de uma conta contábil chamada de Disponibilidade por Fonte de Recurso, e os recursos financeiros passaram a ser geridos através da Conta Única do Tesouro Nacional.

O primeiro passo foi a criação em 1986, da Secretaria do Tesouro Nacional, através do Decreto 92.452/86, ligada ao Ministério da Fazenda, com a finalidade de dar suporte à reformulação das finanças públicas, buscando transparência e controle dos gastos públicos e equilíbrio sustentado.

Com a criação da STN (Secretaria do Tesouro Nacional), além de órgão responsável pelo sistema de informações SIAFI, ficou centralizada nesta toda a Contabilidade Pública Brasileira em toda a sua extensão, não só a elaboração dos Balanços Gerais da União como também a orientação, através de Instruções Normativas das mudanças no sistema na legislação vigente, para as unidades descentralizadas da Federação que executavam orçamento público.

Sobre a implantação definitiva do sistema, Lichtnow, (2002, p 49), coloca como marco legal: Pela Instrução Normativa, Nº.022 de 22/12/86, da secretaria do Tesouro foram estabelecidos procedimentos uniformes de execução orçamentária e financeira, bem como determina a implantação do funcionamento, por meio eletrônico de dados, do Sistema Integrado de Administração Financeira do Governo Federal - SIAFI, que atende a toda à Administração Federal, no que se refere à execução orçamentária, financeira e patrimonial.

Dado a mobilização do governo em relação a criação do órgão centralizador das informações e o seu efetivo funcionamento conforme demonstrado acima pela normatização legal do mesmo, havia forte vontade política para que se iniciasse um novo tempo em relação a controle de finanças públicas.

Conforme Castro (2004), o SIAFI foi então posto em operação com os seguintes objetivos:

1- Prover os órgãos da Administração Pública de mecanismos adequados ao controle diário da execução orçamentária financeira, patrimonial e contábil;

2- Fornecer meios para agilizar a programação financeira, otimizando a utilização dos recursos do Tesouro Nacional, através da unificação dos recursos de caixa do governo, com a criação da Conta Única do Tesouro Nacional;

3- Permitir que a Contabilidade aplicada à Administração Pública seja fonte segura e tempestiva de informações gerenciais para todos os níveis da Administração.

A STN criou plano de contas unificado, em obediência a lei 4.320/64,, interligando assim todos os órgãos integrantes da Administração Publica Federal, chamados de UGs (Unidades Gestoras).,

O Siafi tem sua base de informações e gerenciamento centralizado em Brasília, e esta ligado a todas as UG, e ao órgão central (STN), por tele processamento.

As UGs, Unidades Gestoras, têm acesso ao sistema em duas modalidades, definidas pela STN, sejam elas: on line e off line.

Na modalidade on line, todos os documentos orçamentários e financeiros são emitidos diretamente pelo sistema, e a própria UG atualiza os arquivos digitando por meio de terminais conectados ao Siafi, dados relativos às suas operações.

Na modalidade off line, a UG emite seus documentos orçamentários, financeiros, patrimoniais e contábeis, previamente à introdução dos dados no sistema, o que é feito por meio de uma outra unidade chamada de Pólo de Digitação.

A forma de acesso ao sistema é feita por meio de senha, em níveis hierárquicos de pesquisa e introdução de dados e acesso a transações, permitindo ao usuário conforme seu perfil, ter acesso a outras UGS.

A figura abaixo, demonstra o Diagrama do sistema (Árvore do Siafi) Feijó, (2006 p 27):

SISTEMA
SIAFIAAAA

Subsistema Subsistema

Contábil Documento

Modulo Modulo Modulo Modulo

Demonstrativo Equações Consulta Entradados

Transação Transação Transação Transação

Balancete Coneqcont Conob Darf

Atualmente, o Siafi tem como gestores dentro da STN (Secretaria do Tesouro Nacional) duas coordenadorias: a Ccont (Coordenadoria de Contabilidade) e a Cosis (Coordenadoria de Sistemas).

Estas duas coordenadorias monitoram o sistema e enviam as necessidades de adaptação e ou criação de subsistemas ao Serpro (Serviço de Processamento do Governo Federal), órgão encarregado de tecnicamente fazer as modificações que são necessárias.

No entanto, com o passar do tempo, com o ingresso de praticamente todas as ugs que executam Orçamento Público Federal, a STN, passou a enfrentar muitas dificuldades para atender à demanda dos usuários e das necessidades de adaptação às realidades das Ugs.

3. Metodologia

Foi utilizado o método descritivo de pesquisa que, segundo a concepção de Gil (1999), tem como principal objetivo relatar características de determinada população ou fenômeno ou o estabelecimento de relações entre as variáveis, para fazer uma leitura das transações que o SIAFI utiliza na execução e controle do orçamento publico, utilizando como base a execução da despesa, nos estágios de Empenho, Liquidação e Pagamento.

A analise documental, terá como fonte o próprio sistema e os documentos eletrônicos emitidos por eles quando da inserção de dados e na geração de relatórios de consulta.

Nesta pesquisa, os documentos utilizados, são classificados, conforme Gil (1999), como fontes de primeira mão, ou seja documentos que não receberam qualquer tratamento analítico anteriormente, pois tratam-se de documentos básicos de um sistema oficial de teleprocessamento.

A abordagem do tema tem como foco a analise qualitativa do SIAFI, visando destacar características, ate então, não observadas por qualquer outro meio de estudo, principalmente quantitativo, e esta fundamentado no que diz Richardson (1999, p.80) "[...],os estudos que empregam uma metodologia qualitativa podem descrever a complexidade de determinado problema, analisar a interação de certas variáveis, compreender e classificar processos dinâmicos vividos por grupos sociais".

A técnica utilizada na coleta de dados foi o acesso ao SIAFI para a observação nas transações e documentos eletrônicos selecionados e a partir deste universo, o processamento e tabulação da analise de suas criações, utilizações, deficiências e necessidades de mudanças.

4. Análise dos Dados

Tendo como primeiro estagio da Despesa o Empenho, conforme determina o art. 58 da 4.320/64, este documento eletrônico integra uma das transações do Subsistema: Documentos do Siafi, Modulo: Entradados Transação: NE(Nota de Empenho) e tem a seguinte configuração:

Figura 1: Tela Transação Nota de Empenho

Figura 2: Tela Transação Nota de Empenho

Pode-se observar que a Nota de Empenho traz todas as informações orçamentárias, contábeis e cadastrais para a execução da despesa, apartir dos seguintes conceitos:

Ug/Gestão Emitente: A unidade orçamentária que está realizando a compra.

Numero da Lista: Lista eletrônica com os itens por natureza de despesa emitida antecipadamente, e adicionada automaticamente ao documento a partir da informação de seu numero.

Favorecido: Fornecedor vencedor do certame licitatório.

Taxa de Câmbio: Para empenho emitido em outra moeda.

Observação/Finalidade: Dados da finalidade da compra e motivo. Evento: Código contábil que distribui os valores em todas as contas dos sistemas.

Esfera: Define a origem do orçamento, se fiscal ou da seguridade social.

Ptrs: Programa de trabalho resumido, está relacionado a que ação de governo aquela despesa está vinculada.

Fonte: Define a classificação do orçamento segundo sua destinação legal.

Nd: Classifica a despesa segundo sua destinação, consumo, pessoal etc.

Ugr: Unidade descentralizada dentro de um órgão.

Pi: Plano interno de planejamento de metas por ação e atividade.

Tipo: Defini se o empenho terá valor Global, estimativo ou ordinário.

Modalidade de Licitação: O Tipo de certame que o fornecedor participou, Concurso, Convite, Tomada de preço, concorrência etc.

Amparo: A lei que rege o assunto 8.666/93.

Inciso: Classificação do amparo legal.

Processo: Numero do processo de compras da unidade que gerou a licitação e consequentemente a emissão do Empenho.

Origem do Material: Define se o material tem origem nacional, material estrangeiro adquirido no Brasil, ou importação direta.

Município Beneficiado: Da emissão do Empenho.

Uf Beneficiada: Da emissão do Empenho.

Num. Original cv/cr/tp: Código para controle de credito cuja origem seja convênios cv. Contrato de repasse cr.

Pagto Contra Entrega: Tipo de empenho para despesas menor de R$ 8.000,00, com garantia de pagamento em ate 72 horas após sua emissão.

Data da Liquidação: Permite informar a possível data da liquidação da Despesa.

Data do pagamento: Permite informar a possível data do pagamento da despesa.

Depois de emitida a Nota de Empenho está cumprido o primeiro estagio da despesa, ficando então o ente público no aguardo do fornecedor cumprir a entrega do material ou serviço, para que se processe então as outras duas fases da execução da despesa, liquidação e pagamento.

Para consultar os empenhos emitidos deve-se acionar o SIAFI, Subsistema: Contábil – Modulo: Consulta - Transação: Conne (Consulta Nota de Empenho).

A partir deste ponto começa-se a demonstrar as deficiências ou fragilidades do SIAFI, como sistema gerador de informações, uma vez que esta demonstrado nas figura 3 e 4 abaixo a impossibilidade de se obter, relatórios configurados pelo usuário.

Figura 3: Tela Transação conne (Consulta Nota de Empenho)

Figura 4: Transação Conne solicitação de Consulta

Analisando a figura acima Conne (Consulta Nota de empenho), pode ser observado que não está contemplado no perfil para consulta alguns dados que foram informados na tela de empenho, cuja consulta fica prejudicada de ser feita e obtida informações importantes como por exemplo: Consultar todos os empenhos da Unidade por PTRS (Programa de trabalho Resumido), relacionando a despesa com uma referida ação visto que não existe este perfil de consulta no Conne.

Outro aspecto analisado, é o fato da transação permitir consulta apenas com combinações de dados pré estabelecidos, não permitindo ao usuário a liberdade de fazer filtros adaptados ao tipo de informação necessário a cada situação, fato comprovado na figura 4, uma vez que o sistema não aceitou a emissão de relatório dos empenhos emitidos pela Unidade Gestora, combinando fonte de recurso com natureza de despesa, gerando a critica "Solicitação não Prevista".

O segundo estágio da execução da despesa, ou seja, a liquidação é executada no Subsistema CPR (Contas a Pagar e Receber), Modulo Entradados, Transação Atucpr(Atualiza contas a pagar e receber) e tem a seguinte o formato demonstrado nas figuras 5.

Figura 5: Transação atucpr (Contas a Pagar e Receber)

Nesta tela são colocados os dados do credor (fornecedor) e a partir do campo Situação, o sistema contabilizará o número do empenho informado e distribuirá os valores nas contas sintéticas e analíticas dos sistemas financeiro orçamentário e patrimonial.

Esta etapa será efetuada somente após o reconhecimento pela Administração de que os materiais ou serviços forma entregues de acordo com a Nota de Empenho, cumprindo então o estagio da liquidação.

Para consultar os compromissos apropriados a pagar devemos acionar o SIAFI, Subsistema: Contábil - Modulo: Consulta - Transação: Concpr (Consulta Contas a receber e a pagar), conforme abaixo:

Figura 6: Transação Concpr(Contas a receber e a pagar)

Esta transação esta configurada apenas com informações cadastrais do fornecedor e do documento que gerou a contabilização da liquidação dentro do SIAFI, não contendo campos que possibilite pesquisa por fonte de recurso, natureza de despesa, ou seja, dados originais do empenho principio básico da despesa.

O Terceiro estagio da execução da despesa, ou seja, o pagamento é executada no

Subsistema CPR (Contas a Pagar e Receber), Modulo Fluxo de caixa, Transação Confluxo(Consulta fluxo) e tem a seguinte o formato demonstrado nas figuras 7.

Figura 7: Transação Confluxo (Consulta Fluxo)

Uma vez apropriado o compromisso, o mesmo poderá ser pago nesta transação, pelo ordenador de despesa, a partir da solicitação do mesmo pelos filtros acima descritos na figura 7. Será emitido então uma OBP (Ordem bancaria de Pagamento) ao fornecedor, com os dados bancários informados no momento da apropriação.

Para consultar os compromissos pagos devemos acionar o SIAFI, Subsistema: Contábil - Modulo: Consulta - Transação: Conob (Consulta Ordens Bancarias), conforme abaixo:

Figura 6: Transação Conob

A Transação Conob (Consulta ordem bancaria), usada para gerar relatórios a partir dos pagamentos já feitos certamente é a mais deficiente uma vez que não possibilita parâmetros de filtros a partir dos dados básicos da Nota de Empenho como Fonte de Recurso, natureza da despesa Ptrs (Programa de Trabalho Resumido), o marco inicial da despesa.

A impossibilidade de consulta nesta transação com parâmetros orçamentários, dificulta a conciliação e o gerenciamento diário entre Credito (Orçamento) e recurso (financeiro), uma vez que são momentos diferentes na execução da despesa.

5. Conclusão

Apos a pesquisa realizada pode-se concluir que, apesar de continuar sendo uma ferramenta eficaz no controle da Execução Orçamentária, Financeira, não comprometendo o resultado final, o SIAFI requer, urgentemente, uma releitura para adaptação à nova realidade da tecnologia da informação, visto que o mesmo apresenta algumas limitações, que dificultam o gerenciamento diário dos limites analíticos dos créditos e recursos orçamentários, tais como:

1- Sistema de pesquisa limitado por parâmetros básicos, não dando possibilidade para gerar relatórios a partir dos dados informados com seleção de filtros;

2- Não permite interface de relacionamento com outros sistemas que não os gerados pelo Serpro;

Com base nas limitações citadas, dentre muitas outras existentes, é premente a reformulação do SIAFI para atender às necessidades dos usuários, pois o engessamento de informações do ponto de vista da tele-informática, da tecnologia da informação, dos sistemas cada vez mais dinâmicos e avançados, está fazendo com que os executores do orçamento recorram a sistemas paralelos para complementar dados que deveriam ser extraídos ou já manipulados dentro do sistema oficial, muitas vezes trazendo às unidades situações de retrabalho.

6. REFERÊNCIAS

ALBUQUERQUE, Claudiano Manoel de. MEDEIROS, Marcio Bastos. SILVA, Paulo Henrique Feijó da. Gestão de Finanças Publicas. 1ª ed. Brasília 2006.

CASTRO, Domingos Poubel de. GARCIA, Leice Maria. Contabilidade Publica no Governo Federal: Guia para reformulação do ensino e implantação da Lógica do Siafi. 1ª ed. São Paulo: Atlas, 2004.

FEIJÓ, Paulo Henrique. PINTO, Liane Ferreira. MOTA, Francisco Glauber Lima. Curso de Siafi: Uma abordagem prática da execução Orçamentária e financeira: 1ª ed. Brasília 2006.

SILVA, César Augusto Tiburcio da. Custo no Setor Publico. 1ª ed. Brasília: unb editora, 2007.

LICHTNOW, Rolf Hilmar. Contabilidade e Administração Publica. 1ª ed. Pelotas: Educat/UCPel, 2002.

MARCONI, Maria de Andrade. LAKATOS, Eva Maria. Fundamentos de Metodologia Científica. 6ª ed. São Paulo, 2006.

www.ingramcontent.com/pod-product-compliance
Lightning Source LLC
Chambersburg PA
CBHW031922170526
45157CB00008B/3020

* 9 781097 613854 *